Inhalt

GRUNDLAGEN UND VORÜBERLEGUNGEN   1
Modul

DIE 13 SCHRITTE AUF DEM WEG ZUR QUALITÄTSENTWICKLUNG   2
Modul

VERFAHREN FÜR FEEDBACK UND AUSWERTUNG

3
Modul

3 Verfahren zur Datenerhebung und Informationsbeschaffung   48

Benutzerhinweise

für den »Leitfaden für pädagogisches Handeln«

Das vorliegende Buch dient als Leitfaden bzw. Orientierungshilfe für die Qualitätsentwicklung in Kindertageseinrichtungen. Es wendet sich an Leiterinnen und Fachberaterinnen, die mit ihrer Einrichtung die Qualität der pädagogischen Prozesse steigern möchten, sowie an Teams, die sich gemeinsam auf den Weg machen wollen. Hierfür vermittelt der Leitfaden das notwendige Orientierungswissen und gleichzeitig ein methodisch-didaktisch durchstrukturiertes Modell für die praktische Umsetzung, wobei die inhaltliche Ausgestaltung in der Verantwortung der Einrichtungsteams liegt. Der Leitfaden präsentiert keine fertigen „Rezepte", sondern gibt Teams vielmehr Anleitung und Anregungen, mit den zur Verfügung stehenden Ressourcen methodisch, systematisch und zielgerichtet zu arbeiten.

Das Thema „Qualität in der Kita" wird in drei Modulen präsentiert:

1 Modul Grundlagen und Vorüberlegungen

2 Modul Die 13 Schritte auf dem Weg zur Qualitätsentwicklung

3 Modul Verfahren für Feedback und Auswertung

Bevor Teams mit der Qualitätsentwicklung beginnen, sollten sie sich mit dem im Buch vorgestellten Modell der Qualitätsentwicklung vertraut machen und sich über die Planung und den Einsatz von Ressourcen verständigen. Die folgenden Aspekte geben einen kurzen Überblick:

Der Entwicklungsprozess

In Modul 2 wird ein Modell der Qualitätsentwicklung beschrieben, mit dessen Hilfe die Qualität der pädagogischen Prozesse Schritt für Schritt durch die Bearbeitung einzelner logisch aufeinander aufbauender Elemente gelingen kann. Der Entwicklungsprozess gliedert sich in drei Phasen: Orientierungsphase, Entwicklungsphase und Reflexionsphase. Diese Phasen werden im Leitfaden genau beschrieben.

Vorbereitung

Bevor ein Team in den Entwicklungsprozess eintritt, sollten folgende Vorbereitungen getroffen werden:

Vorstellung des Projektes im Team

Zunächst muss das Projekt vorgestellt werden. Eine Entscheidung für oder gegen die Qualitätsentwicklung kann nur getroffen werden, wenn alle Fachkräfte das Projekt und die anfallenden Aufgaben kennen.

Klärung der Ressourcenfragen

Nach der Entscheidung, das Projekt durchzuführen, müssen die Ressourcenfragen geklärt werden. Diese sind mit einem Vertreter des Trägers und natürlich innerhalb des Teams zu erörtern.

Moderation

Es muss geklärt werden, wer die Aufgabe der Moderation übernimmt. Alle anderen Aufgaben werden während des Prozesses festgelegt und verteilt.

Verhaltens- und Prozessregeln

Zuletzt verabredet das Team Verhaltens- und Prozessregeln, nach denen gearbeitet wird. Im Leitfaden selbst ist darauf verzichtet worden, solche Regeln zu definieren, da jedes Team eigene Entscheidungen auf der Basis seiner Interaktions- und Arbeitskultur festlegen muss.

Prozessgestaltung

Die ersten Aufgaben der Moderation sind die Vorstellung des Verfahrens und die Vermittlung der theoretischen Grundlagen. Für die Vorstellung sollten Träger- und Elternvertreter eingeladen werden.

Die Moderation kann Teilaufgaben an die anderen Teammitglieder delegieren. Sie sollte dabei immer auf Freiwilligkeit achten.

Die Kolleginnen und Kollegen eines Teams werden sich unterschiedlich intensiv am Erarbeitungsprozess beteiligen. Einige werden eher zurückhaltend sein, andere wiederum die Aufgaben förmlich „an sich reißen" wollen. Die Moderation sollte eine möglichst ausgewogene Beteiligung anstreben.

Dokumentation

Für jede Teamsitzung wird ein Ergebnisprotokoll angefertigt. Es gibt einen allen zugänglichen Projektordner, in dem alle Protokolle und (Zwischen-) Ergebnisse gesammelt werden.

Weiter empfiehlt es sich, dass jede Fachkraft eine persönliche Dokumentation anlegt. Dort können zum Beispiel auch die persönlichen Checklisten und Zielvereinbarungen aufgehoben werden.

Abschluss

Reflexionen gehören zum Prozess. Teams sollten sich die Zeit nehmen, auch über die vorgeschlagenen Überlegungen hinaus zu reflektieren. Das kann im Team geschehen, aber auch in kollegialen Gesprächen.

Vorwort

Liebe Leserinnen und Leser,

Qualitätsentwicklung ist ein Begriff, der in aller Munde ist. In den meisten pädagogischen Arbeitsfeldern hat die Qualitätsentwicklung bereits Einzug gehalten, und es wird intensiv über die Weiterentwicklung pädagogischer Qualität diskutiert. Viele Kolleginnen und Kollegen haben mit Prozessen der Qualitätsentwicklung zu tun – und das mit sehr unterschiedlichen Erfahrungen.

Gegen Ende der 1990er Jahre hat das Bundesministerium für Familie, Senioren, Frauen und Jugend mit der Nationalen Qualitätsoffensive ein Projekt ins Leben gerufen, in dem Verfahren zur Qualitätssicherung und -entwicklung für den Bereich der institutionalisierten Frühpädagogik entstanden sind. Darüber hinaus haben sich damals auch die Träger auf den Weg gemacht und für ihre Einrichtungen eigene Verfahren entwickelt – dazu gehören unter anderem AWO, Caritas und Diakonie. Oftmals wurden diese Verfahren an Managementsystemen orientiert, die ihren Ursprung in betriebswirtschaftlichen Kontexten hatten und stark auf die Optimierung von formalen Prozessen fokussierten.

Dieses Buch möchte keinen weiteren Beitrag zur theoretischen Diskussion der Qualitätsentwicklung leisten. Es hat auch nicht den Anspruch, das Für und Wider der einzelnen Verfahren und Zugänge zu diskutieren. Vielmehr stellt es eine Arbeitshilfe für pädagogische Fachkräfte in Tageseinrichtungen für Kinder dar, die effizient, unkompliziert, aber fachlich fundiert ihre pädagogische Arbeit verbessern möchten. Aus diesem Grund liegt der Fokus der Qualitätsentwicklung auf dem Bereich der pädagogischen Prozesse.

Grundlage der Qualitätsentwicklung, wie sie hier vorgestellt wird, ist ein dynamisches Entwicklungsmodell, das den Teams in den Einrichtungen einen Orientierungsrahmen für ein systematisches Vorgehen bietet. Dieser Orientierungsrahmen wird ergänzt durch einige ausgewählte Verfahren, die sich in der Vergangenheit bewährt haben. Die Verfahren wurden alle in der Praxis bereits eingesetzt und zum Teil auch in unterschiedlichen Kontexten evaluiert. Da die frühkindliche Bildung lange Zeit wissenschaftlich wenig beachtet wurde, in der Schulpädagogik aber bereits eine lange Forschungstradition vorherrscht, stammen viele Verfahren, die in diesem Buch vorgestellt werden, aus der Schulpädagogik und Organisationsentwicklung. Sie lassen sich aber sehr gut für die Qualitätsentwicklung in Tageseinrichtungen nutzen.

Die verschiedenen Methoden, die in diesem Leitfaden vorgestellt werden, bieten jeder Einrichtung die Möglichkeit, ihren eigenen spezifischen Zugang zu Qualitätsentwicklung zu finden.

Bernd Groot-Wilken

1 Einführung in die Qualitätsentwicklung

Qualitätsentwicklung hat viele Gesichter. Der Begriff allein sagt erst einmal noch gar nicht so viel aus. Sicherlich, es geht um die Entwicklung und Sicherung eines gewissen Qualitätsstandards. Aber in der Kleinkindpädagogik haben wir in vielen Förderbereichen und möglicherweise auch in der gesamten Arbeit wenig bis keine Standards definiert. Zugänge zur Entwicklung von Standards finden sich unter anderem in „Pädagogische Qualität in Tageseinrichtungen für Kinder" (Tietze et al. 2002) oder in „Qualität im Situationsansatz" (Preissing et al. 2003). Jedoch fehlt zum einen ein klares Konstrukt kleinkindpädagogischer Didaktik, und zum anderen bleibt die Frage nach Kompetenzen, die Kinder in Tageseinrichtungen bis zur Einschulung erwerben sollten, unbeantwortet.

Die in den letzten Jahren geführte Debatte um Aufwertung der Elementarpädagogik und stärkere Anbindung an den schulischen Bildungsbereich verdeutlicht die gewachsene Bedeutung von Bildung und Betreuung in Kindertageseinrichtungen. Im Rahmen dieser Diskussionen wird immer auch die Qualität der institutionalisierten frühkindlichen Bildung und Betreuung diskutiert. Wobei, anders als in der schulpädagogischen Debatte, eine einheitliche Definition „guter Qualität" – oder besser „lernfördernder Qualität" – aufgrund vielfältiger pädagogischer Ansätze nicht so einfach herstellbar ist.

Einrichtungen haben aber trotz alledem den Auftrag, Qualität zu sichern und ihre Arbeit weiterzuentwickeln. Dabei müssen sie sich auf den aktuellen Stand der Forschung beziehen, auf die gesetzlichen Verordnungen, die Rahmenbedingungen ihrer Einrichtung und nicht zuletzt auf ihr umfangreiches Fach- und Erfahrungswissen.

1.1 Zentrale Aspekte der Qualitätsentwicklung

Einrichtungen, deren Auftrag es ist, ihre Arbeit stetig weiterzuentwickeln, werden früher oder später mit der Qualitätsentwicklung in Berührung kommen. Allerdings gibt es viele unterschiedliche Modelle der Qualitätsentwicklung, sodass eine Orientierung, welches Verfahren für die eigene Einrichtung das Beste ist, sich gar nicht so einfach gestaltet. Teams sollten sich, bevor sie mit der eigentlichen Qualitätsentwicklung beginnen, zunächst im Vorfeld mit den wichtigsten Aspekten wie Haltungen, Orientierungen und Kompetenzen auseinandersetzen.

Haltung zur Qualitätsentwicklung

Zur Qualitätsentwicklung kann man unterschiedliche Haltungen einnehmen, deshalb ist es wichtig zunächst zu klären, welche Haltungen im Team vorliegen.

Es gibt Teams, die sofort loslegen und am liebsten die ganze Einrichtung verändern wollen. Oftmals flacht diese Begeisterung jedoch relativ schnell ab, da sie feststellen, dass ungeklärte Fragen oder im Prozess auftretende Probleme den Fortschritt der Qualitätsentwicklung blockieren. Der zu Beginn entflammte Enthusiasmus wandelt sich schnell in Frustration und Lustlosigkeit. Scheinbar funktioniert die Qualitätsentwicklung gar nicht. Sie ist eben kein schnell zu erlernendes Verfahren, sondern bedarf ausreichender Kenntnisse über Planung, Durchführung und Auswertung.

In anderen Teams gibt es „innovative" Kräfte, die die Qualitätsentwicklung vorantreiben möchten und dies auch tun. Der Rest der Kolleginnen und Kollegen toleriert das Verfahren, steuert aber keinen Beitrag zum Entwicklungsprozess bei. Die Vorstellung, dass die Zeit, die Menge der Ergebnisse und Erkenntnisse schon dazu beitragen werden, auch die „Zweiflerinnen" im eigenen Team zu überzeugen, wird nicht immer zur Realität. Der Druck, der sich dabei gegenüber diesen Kolleginnen und Kollegen aufbaut, muss nicht immer ein produktiver Druck sein. Er kann auch dazu führen, dass diese Gruppe sich immer weiter distanziert und nach und nach deutlicher „abgehängt" wird.

Eine weitere mögliche Positionierung eines Teams ist es, die Qualitätsentwicklung distanziert zu betrachten. Die Mitglieder zeigen kein Interesse, sich auf den Entwicklungsprozess einzulassen, verweigern sich sogar oder führen im besten Falle lediglich das Minimalprogramm durch.

Egal, welche Konstellation in dem jeweiligen Team vorherrscht: Information über Qualitätsentwicklung ist ein Schlüssel zu einem erfolgreichen Prozess. Alle drei Haltungen basieren in der Regel darauf, dass Teams wenig über das eigentliche Wesen der Qualitätsentwicklung wissen. Deshalb sollten sich Teams, bevor sie mit der Qualitätsentwicklung beginnen, über den Prozess informieren und verschiedene Zugänge kennenlernen.

Eine positive und professionelle Haltung zur Qualitätsentwicklung kann nur erreicht werden, wenn

- Teams für ihre Einrichtung den Gewinn der Qualitätsentwicklung erkennen können,
- jede einzelne Fachkraft den Gewinn der Qualitätsentwicklung für sich persönlich erkennt,
- alle Beteiligten ausreichend Kenntnisse über die Qualitätsentwicklung besitzen,
- alle Beteiligten über Erfahrungen mit Entwicklungsprojekten verfügen oder
- angemessene externe Unterstützung und Beratung erhalten.

Orientierung und Nutzen

Ein weiterer zentraler Aspekt ist die Analyse hinsichtlich des Nutzens, sich als Team auf einen Entwicklungsprozess einzulassen. Neben dem Wissen über Qualitätsentwicklung ist der Blick auf den Nutzen hilfreich, um ein Team in einen positiven und geplanten Prozess zu bringen. Das folgende Arbeitsmaterial gibt einen Überblick über zentrale Fragestellungen (in Anlehnung an Burkard/Eikenbusch 2000, S. 11):

NUTZEN VON QUALITÄTSENTWICKLUNG

Kreuzen Sie bitte an, welchen Nutzen Sie in der Qualitätsentwicklung für sich persönlich und für die Einrichtung sehen.

	Für mich persönlich	Für die Einrichtung
Erfahrungen dokumentieren und verfügbar machen	❑	❑
Neue Perspektiven in der Arbeit erkennen	❑	❑
Eine Basis für die Verständigung über die Ziele und Grundlagen der gemeinsamen Arbeit schaffen	❑	❑
Sich an der Weiterentwicklung der Einrichtung beteiligen	❑	❑
Zielklarheit erhöhen	❑	❑
Rechenschaft ablegen können über die pädagogische Arbeit	❑	❑
Herausforderung in der Arbeit fokussieren	❑	❑
Die eigene Praxis neu entwickeln	❑	❑
Gesicherte Grundlagen für die pädagogische Planung schaffen	❑	❑
Ressourcen (Personal, Geld, Zeit) wirksam einsetzen	❑	❑
Sinnvolle und weniger sinnvolle Routinen unterscheiden können	❑	❑
Handlungsbedarf erkennen	❑	❑
Chancen für neue Aufgaben erkennen	❑	❑
Bestätigung für die bisherige Arbeit bekommen	❑	❑

ARBEITSMATERIAL 01

Mithilfe dieses Arbeitsmaterials können Teams sich vergewissern, was die einzelnen Fachkräfte mit der Qualitätsentwicklung verbinden. Diese Standortbestimmung macht deutlich, wo das Team steht und welche Erwartungen jede einzelne Fachkraft an diesen Prozess knüpft. Diese Standortbestimmung ist dann die Ausgangsbasis, um den Einstieg in die Qualitätsentwicklung angemessen planen zu können.

Prozesssteuerung

Kompetenzen und notwendiges Wissen für das Gelingen des Prozesses gewinnt man, indem man „macht". Teams können den Entwicklungsprozess so gut planen wie es nur geht, sie werden immer wieder feststellen, dass unvorhergesehene Dinge den Prozess sowohl stören als auch befördern und somit auch verändern. Oftmals ergeben sich neue Ideen gerade aus den neu gemachten Erfahrungen und geben dem Verlauf eine völlig neue Richtung. Diese positiven Elemente sollten für die Entwicklungen in jedem Fall genutzt werden, aber dennoch bedarf es einer intensiven Auseinandersetzung über Analysemöglichkeiten der Ausgangssituation (Ist-Zustand), konzeptionelle Fragestellungen (theoretische und praktische) sowie die Durchführung von Qualitätsentwicklungsprozessen.

Funktionen der Qualitätsentwicklung

Qualitätsentwicklung hat vier unterschiedliche Funktionen. Im Zentrum steht dabei natürlich die **Optimierung der pädagogischen Prozesse** und somit die Verbesserung der pädagogischen Arbeit und des Angebotes für die Kinder und ihre Familien. Dabei liegt ein Hauptaugenmerk auf der Planung und Steuerung der Qualitätsentwicklung. Informationen über die vorliegende Qualität aus Teamperspektive werden ebenso verarbeitet wie Informationen über und von Beteiligten am Bildungs- und Erziehungsprozess in den Einrichtungen und hinsichtlich der Prozessgestaltung und Zielformulierung analysiert.

In diesem Prozess werden immer auch **Arbeitsergebnisse analysiert** und somit durch das Team bewertet. Ein Entwicklungsauftrag, den ein Team sich stellt, ist immer auch die Erkenntnis, dass die gewünschte Qualität noch nicht erreicht wurde. Somit ist Qualitätsentwicklung immer auch **Rechenschaft über die bisher geleistete Arbeit.**

Und schließlich dient die Qualitätsentwicklung der **Professionalisierung von Fachkräften.** Der Einblick in die eigene Arbeit und die Erweiterung des professionellen Blicks auf die eigene Arbeit hat zur Folge, dass Fachkräfte, die sich damit auseinandersetzen, weitere Möglichkeiten der Reflexion nutzen können und ein „Problembewusstsein" für eine kritische Analyse der eigenen Arbeit entwickeln. Sie sind somit auch in der Lage, Vorhaben und Ziele besser auf Machbarkeit und Angemessenheit zu prüfen sowie Situationen und Probleme fachlich einzuschätzen.

Bedingungen klären

Als erstes werden die **Rahmenbedingungen** geklärt. Dazu gehören unter anderem die Fragen nach der Arbeitsstruktur des Teams, der beteiligten Personen, den Zeitfenstern, festen Terminen, den finanziellen Bedingungen, aber auch die Frage danach, wer mit welchen Aufgaben an der Qualitätsentwicklung teilnehmen soll.

Im Weiteren wird geklärt, welches die wichtigen und **relevanten Themen** für die Qualitätsentwicklung sind. Hier gilt insbesondere der Grundsatz, dass weniger mehr ist. Ein Team wird sich nicht mehreren Fragestellungen gleichzeitig widmen können. Es entscheidet sich für das wichtigste, das dringlichste oder das am meisten geforderte Ziel und arbeitet dann daran konzentriert.

Einhergehend mit der Klärung der relevanten Themen müssen gleichzeitig auch die angestrebten Ziele geklärt werden. Die **Zielklärung** trägt einerseits in starkem Maße dazu bei, Verunsiche-

rungen, Missverständnisse und Irritationen zu vermeiden. Andererseits schaffen Ziele Klarheit und Transparenz nicht nur für die am Prozess Beteiligten, sondern auch für alle anderen Personen und Institutionen, die mit der Einrichtung in Verbindungen stehen (Eltern, Träger, Gemeinde etc.). Zudem lassen sich die Entwicklungsbemühungen später im Sinne einer Prüfung an den erreichten Zielen messen.

Darüber hinaus muss geklärt werden, unter welchen **„Spielregeln"** die Qualitätsentwicklung stattfindet, sodass jede Fachkraft weiß, unter welchen Bedingungen sie sich auf den Prozess eingelassen hat und was von ihr in diesem Prozess erwartet wird. Dazu gehören im Wesentlichen die Fragen nach der Arbeitsweise des Teams, der Aufgaben der einzelnen Fachkraft sowie die Klärung der erwünschten Eigeninitiative der einzelnen Fachkräfte (siehe Arbeitsmaterial 02 – Zielvereinbarung, Seite 15).

Nicht zuletzt empfiehlt es sich, den **Arbeitsprozess zu dokumentierten.** Dazu gehört neben der Protokollierung auch die Dokumentation von Absprachen und Analysen, zum Beispiel in Form von Arbeitshilfen.

Entwicklung der pädagogischen Prozessqualität

Die Qualität einer Tageseinrichtung für Kinder lässt sich an vielen Stellen mit unterschiedlichen Perspektiven auf Prozesse und Ergebnisse beobachten und beschreiben. Die Verantwortung, die Teams für die Qualität ihrer Einrichtung übernehmen können, variiert in den unterschiedlichen Bereichen deutlich. Für Teams, die sich dem Prozess der Qualitätsentwicklung stellen wollen, lautet daher eine sehr wichtige Frage: An welchen Stellen bzw. Inhalten oder Prozessen können wir entscheidend etwas verändern? Und in welchen Bereichen sind die Möglichkeiten, entscheidende Veränderungen herbeizuführen, eher gering?

Das nachfolgende Modell (siehe Seite 11) zur Qualität in Tageseinrichtungen für Kinder soll dabei helfen, eine Entscheidung herbeiführen zu können.

Dieses Modell unterscheidet drei strukturell zusammenhängende Bereiche: den Input, den Prozess und den Output/Outcome. Diese drei Bereiche sind voneinander nicht als unabhängig zu verstehen, sondern bedingen sich in ihren unterschiedlichen Ausprägungen gegenseitig. Einige der benannten Aspekte stehen auch in einem kausalen Verhältnis zueinander. So ist zum Beispiel die Möglichkeit, fachliches und didaktisches Professionswissen aufzubauen, abhängig von der personellen Situation in der Einrichtung. Der Professionsgrad der Fachkräfte ist entscheidend für die weiteren notwendigen Qualifizierungsmöglichkeiten. Ein anderes Beispiel betrifft die Zusammenarbeit mit Familien. Diese wird sich in den Einrichtungen unterscheiden, da die Zusammensetzung der Familien, die Beteiligungsbereitschaft der Eltern und das Interesse an der pädagogischen Arbeit den Prozess der Kooperation beeinflussen.

Zunächst einmal können für alle Einrichtungen sogenannte „Rahmenbedingungen und Zielvorgaben" (Input) beschrieben werden. Dazu gehören in erster Linie die strukturellen Bedingungen (Substanz des Gebäudes, Größe des Gebäudes, Lage der Einrichtung etc.), die finanziellen Bedingungen (Sachmittel), die materiellen Bedingungen (Ausstattung der Einrichtung mit Mobiliar, Materialien, Inventar etc.) sowie die personellen Bedingungen (Qualifikation der Fachkräfte, Erzieher-Kind-Schlüssel etc.). Diese werden ergänzt durch andere Rahmenbedingungen und Zielvorgaben, wie zum Beispiel die Struktur und Zusammensetzung des Wohnumfeldes, der im Umfeld vorhandenen Unterstützungssysteme (pädagogische und psychologische Beratungsstellen, Jugendämter, Kirchengemeinden, Musikschule etc.).

QUALITÄT IN TAGESEINRICHTUNGEN

Rahmenbedingungen und Zielvorgaben

■ Finanzielle Bedingungen

■ Materielle Bedingungen

■ Strukturelle Bedingungen

| Kinder | Fachkräfte/ Leitung | Eltern/ Erziehungsberechtigte |

■ Personelle Bedingungen

Prozessgestaltung

| **Pädagogische Prozesse** | **Unterstützungsprozesse** |

Pädagogische Prozesse

- ■ Sprachliche Entwicklung und Kommunikation
- ■ Kognitive Entwicklung
- ■ Soziale und emotionale Entwicklung
- ■ Bewegung
- ■ Rollenspiel
- ■ Bauen und Konstruktion
- ■ Musische und kreative Entwicklung
- ■ Natur-, Sach- und mathematisches Wissen
- ■ Interkulturelles Lernen
- ■ Eingewöhnung
- ■ Freispiel
- ■ Mahlzeiten
- ■ Körperpflege
- ■ Ruhen und Schlafen
- ■ Tagesgestaltung

Unterstützungsprozesse

- ■ Leitungshandeln
- ■ Konzeption
- ■ Personalführung und -entwicklung
- ■ Evaluation
- ■ Einrichtungskultur
- ■ Zusammenarbeit mit Familien
- ■ Partizipation
- ■ Kooperation mit externen Partnern (insbesondere Grundschule)
- ■ Fachliches und didaktisches Professionswissen
- ■ Raumgestaltung
- ■ Sicherheit

■ Struktur des Einzugsgebietes

■ Bildungsvereinbarungen

■ Unterstützungssysteme

■ Kinder der Einrichtung

Ergebnisse

Ergebnisse (Output)

- ■ Kompetenzen, Fähigkeiten und Fertigkeiten
- ■ Einstellungen
- ■ Haltungen

Wirkung (Outcome)

- ■ Weitere Bildungsbiografie
- ■ Beruflicher Werdegang
- ■ Gesellschaftliche Teilhabe

11

Aber auch die in Bildungsvereinbarungen und Trägerleitbildern formulierten Zielvorgaben geben ein Setting für die Einrichtungen vor, in denen sie ihre pädagogische Arbeit gestalten müssen. Und nicht zuletzt sind da auch noch die Kinder, die bestimmte Kompetenzen, Interessen, Vorlieben, Bedürfnisse und Wünsche in die Einrichtungen bringen.

In der Regel sind die unter dem Bereich „Rahmenbedingungen und Zielvorgaben" benannten Aspekte durch eine gezielte Qualitätsentwicklung in der Einrichtung wenig bis gar nicht zu verändern. Der für die Qualitätsentwicklung interessantere Bereich ist die Prozessgestaltung. Hier können Teams die größten Veränderungen eigenständig herbeiführen. Die Prozesse werden zum allergrößten Teil in der Einrichtung durch das Team gestaltet. Hierzu bedarf es der Professionalität der Teammitglieder, um diese Prozesse fachlich und didaktisch angemessen auszukleiden. Deshalb setzt Qualitätsentwicklung in der Regel hier an, denn die pädagogischen Prozesse werden nicht durch Gesetze, Verordnungen und Regelungen bestimmt.

Die Prozessgestaltung lässt sich nochmals in zwei zentrale Bereiche untergliedern: Der erste Bereich beschreibt die **pädagogischen Prozesse.** Dazu gehören alle wesentlichen Prozesse, die sich in der Arbeit mit den Kindern wiederfinden, wie zum Beispiel die Förderung der sprachlichen, sozialen, emotionalen, kognitiven Entwicklung, die Förderung von Bewegung, Kreativität, Musikalität, aber auch Aspekte der Gestaltung von Routinen wie Körperpflege, Mahlzeiten, Ruhe- und Schlafensphasen sind hierzu zu zählen.

Der zweite zentrale Bereich umfasst die **Unterstützungsprozesse,** also diejenigen Prozesse, die notwendig sind, um die pädagogischen Prozesse optimal gestalten zu können. Der wichtigste Aspekt in diesem Unterbereich ist das Leitungshandeln. Führung ist ein ganz wesentliches Merkmal für die Gestaltung einer Einrichtung, da die Leitung die Aufgabe hat, der Einrichtung ein „Gesicht" zu verleihen. Sie gibt Impulse und managt die Einrichtung. Somit ist die Leitung auch dafür verantwortlich, dass die Qualität der Einrichtung und der pädagogischen Arbeit gewährleistet ist. Aber auch andere Unterstützungsprozesse wie die Zusammenarbeit mit Familien, die Erstellung einer Konzeption, die Personalführung und -entwicklung sowie Kooperationen mit externen Partnern sind wichtige Elemente in der Arbeit einer Tageseinrichtung.

Wenn die Prozesse angemessen gestaltet wurden und die Rahmenbedingungen ein angemessenes Arbeiten unterstützen oder zumindest nicht verhindern, kann davon ausgegangen werden, dass die Arbeit zu den erwünschten Ergebnissen führt. Die Kinder sollten eine optimale Förderung erhalten und dadurch umfassende Kompetenzen, Fähigkeiten und Fertigkeiten aufgebaut haben, die sie für ihren weiteren Lebensweg gebrauchen können (Output). Es gibt allerdings bis heute keine wirklich fundierten Erkenntnisse darüber, welche Art der Gestaltung von pädagogischen Prozessen den Aufbau von Kompetenzen tatsächlich unterstützt und welche nicht. Aber schließlich liegt der Blick nicht nur auf den fachlichen Kompetenzen, sondern auch auf dem Bereich der sogenannten „soft skills", denen in der Entwicklung ebenfalls große Bedeutung beigemessen werden muss. Unter „soft skills" werden soziale Kompetenzen, wie zum Beispiel Toleranz, Empathie, Kompromissfähigkeit, Kooperation oder Selbstvertrauen verstanden.

Zusammenfassend lässt sich an dieser Stelle sagen, dass der zentrale Bereich, in dem Qualitätsentwicklung in den Einrichtungen stattfinden kann, die Prozessgestaltung ist. Hier müssen Teams in jedem Fall genau hinschauen und sich die für ihre Arbeit zentralen Aspekte heraussuchen. Aus diesem Grund beziehen sich alle weiteren Materialien und Ausführungen in diesem Leitfaden immer auf diesen Bereich.

1.2 Systemische Qualitätsentwicklung

Im Folgenden wird ein Verfahren vorgestellt, das Teams Orientierung in der Qualitätsentwicklung bietet. Dabei werden sowohl Vorbedingungen für den Entwicklungsprozess benannt, als auch strukturelle Verfahrensschritte aufgeführt, durch die ein Team während des Entwicklungsprozesses sicher zum Ziel geführt wird. Damit die zur Verfügung stehenden Ressourcen optimal genutzt werden können, muss der Prozess der Qualitätsentwicklung zielgerichtet und in logisch aufeinander aufbauenden Schritten organisiert sein. Der systemische Zugang beachtet diese beiden Grundsätze und definiert für den gesamten Prozess klare Aufgaben und Verantwortlichkeiten.

Arbeiten mit Zielvereinbarungen

Entwicklungen im Rahmen von Qualitätsentwicklungsprozessen sind in der Regel zielorientiert, d.h. sie werden auf einen zu erreichenden Zustand hin definiert und aufgebaut. Dieses zu erreichende Ziel ist in der Regel ein Inhalt, ein Standard oder eine Methode, die bis dato noch nicht zum Handlungsspektrum gehörte. Bevor ein Team sich also auf den Weg macht, „Qualität" oder – besser ausgedrückt – die pädagogische Arbeit zu entwickeln und zu verbessern, sollte klar sein, welche Ziele erreicht werden sollen. Dabei helfen Zielvereinbarungen, denn sie schaffen Klarheit über die zu erreichenden Ziele und legen den Weg dorthin fest. In einer Zielvereinbarung wird deshalb Folgendes festgehalten:

- Welches Ziel soll erreicht werden?
- Wer ist mit welchen Aufgaben an der Zielerreichung beteiligt?
- Welche Schritte sind zur Zielerreichung notwendig?
- Welche Ressourcen sind zur Zielerreichung notwendig?
- Wie ist die zeitliche Planung gestaltet?
- Wer ist für welche Prozesse verantwortlich?
- Welche anderen Personen oder Gruppen sind am Prozess zur Unterstützung beteiligt?

Die Klärung der Fragen im Rahmen einer Zielvereinbarung wird vor Beginn des Prozesses vom Team herbeigeführt. Dabei ist es ratsam, zunächst eine Vorversion zu erstellen und diese dann im Team vorzustellen und zu diskutieren. Danach sollte die Zielvereinbarung für ein paar Tage ruhen, damit jedes Teammitglied noch einmal darüber nachdenken kann. Erst danach wird das Dokument in einer nächsten Teambesprechung wiederholt besprochen. Oftmals fallen Fachkräften Aspekte auf, die noch nicht optimal formuliert sind bzw. noch gar keinen Eingang in die Zielvereinbarung gefunden haben.

Drei Zielarten

Bei der Formulierung von Zielen werden drei Zielarten unterschieden: die Erhaltensziele, die Veränderungsziele und die persönlichen Ziele. Prinzipiell ist es möglich, alle drei Zielarten in einer Zielvereinbarung aufzuführen und mit der SMART-Formel (siehe Seite 16) zu prüfen.

Erhaltensziele

Teams, die sich für Qualitätsentwicklung entschieden haben, fangen in aller Regel nicht bei null an. In jeder Einrichtung wird die Arbeit bereits mit einer bestimmten Qualität durch- und ausgeführt; jedoch gibt es Bereiche, für die das Team festgelegt hat, die Qualität weiterzuentwickeln. Diese bereits vorhandene Qualität, die zum Teil ja schon über Jahre in der Einrichtung besteht, sollte für den Entwicklungsprozess in jedem Fall genutzt werden. Dafür müssen die bereits vorhandenen positiven Elemente benannt und gesichert sowie sogenannte Erhaltensziele formuliert werden. Diese dienen im weitesten Sinne der Qualitätssicherung in den Einrichtungen. Mit ihnen wird aufgezeigt, welche Standards, Methoden und Verfahren bereits erreicht und umgesetzt werden.

Veränderungsziele

Ziele, die durch ein Team formuliert und neu erreicht werden sollen, nennt man Veränderungsziele. In ihnen wird der Wille eines Teams zum Ausdruck gebracht, die pädagogische Arbeit mit Blick auf einen bestimmten Themenschwerpunkt weiterzuentwickeln und zu optimieren. Veränderungsziele geben Teams darüber hinaus Orientierung für die nächsten Arbeitsschritte (Einsatz von Methoden) und Aufgaben (inhaltliche Bewältigung eines Themas). Sie schaffen für alle Beteiligten Transparenz, Klarheit und Verbindlichkeit und dienen der Qualitätsentwicklung.

Persönliche Ziele

Qualitätsentwicklung ist aber mehr als nur die gemeinsame Arbeit eines Teams an einem Thema. Sie bedeutet immer auch eine persönliche Qualifizierung einzelner Fachkräfte. Die Innovationskraft eines Teams hängt von der Motivation und Qualifizierung ihrer Mitglieder ab. Somit ist Qualitätsentwicklung zugleich Organisationsentwicklung und persönliche Professionalisierung. Um diese beiden Prozesse optimal zu unterstützen, ist es hilfreich, neben Zielen auf Einrichtungsebene auch individuelle oder persönliche Ziele mit den einzelnen Kolleginnen und Kollegen zu vereinbaren.

Persönliche Ziele können auf zwei Ebenen formuliert werden: Zum einen reflektieren Fachkräfte ihre eigenen Kompetenzen und formulieren davon ausgehend Ziele, die sie persönlich im laufenden Prozess erreichen möchten. Zum anderen kann die Leitung Personalentwicklungsgespräche führen, in denen gemeinsam Perspektiven der persönlichen Entwicklung der Fachkraft diskutiert und in einer Zielvereinbarung fixiert werden. Die Formulierung von persönlichen Zielen ermöglicht den Fachkräften, ihre professionellen Handlungskompetenzen ganz individuell zu erweitern.

Bei der ersten Auseinandersetzung mit einem Thema zur Qualitätsentwicklung kann das Arbeitsmaterial 02 – Zielarten (siehe Seite 15) verwendet werden. Hat das Team ein Thema festgelegt, wird es im weiteren Vorgehen zunächst einmal reflektieren, welches Ziel erreicht werden soll und was bereits erreicht ist. Dabei sollten die einzelnen Fachkräfte immer auch ihre eigenen Bedarfe (persönlichen Ziele) und den bereits vorhandenen Grad der Professionalisierung festlegen.

ZIELARTEN

Zielarten – Erhaltensziele, Veränderungsziele und persönliche Ziele formulieren

Teamziele ❑   Persönliche Ziele ❑

Thema der Qualitätsentwicklung:

Erhaltensziele / persönliche Erhaltensziele

1. Ziel

2. Ziel

3. Ziel

4. Ziel

Veränderungsziele / persönliche Veränderungsziele

1. Ziel

2. Ziel

3. Ziel

4. Ziel

Die SMART-Formel

Bei der Formulierung von Zielen kann die SMART-Formel sehr hilfreich sein. Anhand von fünf Kriterien wird geprüft, ob ein Ziel die wesentlichen formalen Bedingungen erfüllt. Ob ein Ziel den fachlichen Ansprüchen genügt, kann allerdings nur durch die fachliche Kompetenz der Fachkräfte eingeschätzt werden.

SMART steht für:

S – spezifisch: Enthält das Ziel genügend Detailinformation, damit für andere nachvollziehbar ist, was genau darunter zu verstehen ist?

M – messbar: Ist das Ziel überprüfbar? Ist feststellbar, ob das Ziel erreicht worden ist bzw. kann man prognostizieren, ob es erreichbar ist?

A – akzeptabel: Können sich die Fachkräfte mit den Inhalten des Ziels identifizieren?

R – realistisch: Ist das Ziel mit den zur Verfügung stehenden Ressourcen (Finanzen, Personal, Zeit, Arbeitsbelastung) zu erreichen oder ist es eher ein Wunschziel, das zurzeit nicht umsetzbar ist? Ist das Ziel aus eigener Kraft erreichbar?

T – terminiert: Ist die Erreichung des Ziels zeitlich fixiert? Gibt es einen genauen Termin, bis zu dem das Ziel erreicht sein muss? (vgl. Groot-Wilken 2008, S. 109 ff.)

Ziele lassen sich mit diesen fünf Bedingungen oder Kriterien auf ihre Verwendbarkeit und Brauchbarkeit überprüfen. Nur wenn alle fünf Kriterien positiv beantwortet worden sind, sollte das formulierte Ziel übernommen werden. Ist dies nicht der Fall, sollte das Ziel nochmals überprüft und gegebenenfalls überarbeitet werden. Die Überprüfung des Ziels kann durch zwei Kolleginnen bzw. Kollegen außerhalb der Dienstbesprechung übernommen werden. Diese diskutieren dann in aller Ruhe das Ziel und führen die Überprüfung ohne Druck durch. Eine weitere Besprechung des Ziels ist nur dann notwendig, wenn die Kolleginnen bzw. Kollegen noch Veränderungsnotwendigkeiten erkannt haben.

ZIELVEREINBARUNGEN

Formulieren Sie bitte das Ziel und überprüfen Sie es mit der SMART-Formel:

❏ Spezifisch

❏ Messbar

❏ Akzeptabel

❏ Realistisch

Wann soll das Ziel in der Praxis umgesetzt sein?

Datum: ❏ Terminiert

Benennen Sie gegebenenfalls Teilziele dieses Ziels! Prüfen Sie diese bitte anhand der SMART-Formel:

		❏ S
		❏ M
1. Teilziel		❏ A
		❏ R
	Datum:	❏ T
		❏ S
		❏ M
2. Teilziel		❏ A
		❏ R
	Datum:	❏ T
		❏ S
		❏ M
3. Teilziel		❏ A
		❏ R
	Datum:	❏ T

Beschreiben Sie bitte kurz Ihre Umsetzungsstrategie!

ZIELVEREINBARUNGEN

Welche Ressourcen werden für die Erreichung des Ziels benötigt?

Benötigte Ressource:		Sichergestellt durch welche Person?	

Bitte benennen Sie die beteiligten Personen und legen Sie eine Person fest, die für die Einhaltung dieser Zielentwicklung verantwortlich ist.

	Aus dem Team	Weitere beteiligte Personen
Namen:		
Verantwortung:		

Diese Zielentwicklung ist gültig für folgende Gruppen in der Einrichtung:

Gibt es bereits einen Standard in der Einrichtung, auf den sich das Ziel bezieht?

Datum, Unterschriften

Umgang mit Ressourcen

Für jeden Entwicklungsprozess ist es notwendig, dass personelle, zeitliche und finanzielle Ressourcen bereitgestellt werden und auf dieser Basis realistisch geplant wird. Es empfiehlt sich daher, dass sich die Einrichtungsleitung und das Team gemeinsam mit den Trägervertretern über den Einsatz und die Verfügbarkeit von Ressourcen austauschen.

Personelle Ressourcen

Eine angemessene Qualitätsentwicklung durchzuführen ist nur möglich, wenn dafür auch entsprechende personelle Ressourcen zur Verfügung stehen. Für eine größtmögliche Akzeptanz des Verfahrens und der Ergebnisse sowie die Qualität der Ergebnisse ist es notwendig, dass möglichst das gesamte pädagogische Team an der Qualitätsentwicklung beteiligt ist. Schließlich sollen die Veränderungen in der pädagogischen Arbeit auch vom gesamten Team getragen und später dann umgesetzt werden. Kolleginnen und Kollegen erst im Nachhinein von Entscheidungen des restlichen Teams zu überzeugen, sollte die Ausnahme bleiben. Denn Teammitglieder, die den Diskussionsprozess und die Entwicklung nicht miterlebt haben, werden diese Phase höchstens theoretisch nachvollziehen können.

Das bedeutet: Die Einrichtungsleitung – möglicherweise im Absprache mit dem Träger – muss dafür sorgen, dass dieser Freiraum zur Auseinandersetzung mit der Qualität der Einrichtung vorhanden ist. Nicht selten führt das dazu, dass die Einrichtung im Rahmen eines Fortbildungstages geschlossen wird. Selbst bei optimalen Möglichkeiten, die durch die Einrichtungsleitung und den Träger geschaffen werden, müssen jede Kollegin und jeder Kollege Eigeninitiative zeigen und eventuell auch einmal außerhalb der Dienstzeit eine Recherche durchführen oder einen Fachartikel lesen.

Zeitliche Ressourcen

Die Entwicklungsarbeit kostet Zeit. Möchte ein Team das hier beschriebene Modell umsetzen, d.h. sich mit der eigenen Arbeit kritisch auseinandersetzen und eine fachliche Perspektive erarbeiten, ist das mit einigen Teamsitzungen nicht getan. Das hier vorgestellte Entwicklungsmodell verlangt eine kontinuierliche Auseinandersetzung. Konkret bedeutet das, dass sich jede Fachkraft mehrere Stunden im Monat mit der Thematik beschäftigen muss.

Finanzielle Ressourcen

Qualitätsentwicklung verursacht im Prinzip wenig bis keine zusätzlichen Kosten. In erster Linie werden Moderations- und Präsentationsmaterialien benötigt, die möglicherweise erst angeschafft werden müssen. Darüber hinaus können Kosten für die Anschaffung von Fachliteratur anstehen. Denkbar ist auch, dass ein Ergebnis des Qualitätsentwicklungsprozesses Kosten verursacht, wenn zum Beispiel etwas neu gestaltet oder zusätzliche Materialien oder Mobiliar angeschafft werden sollen. In diesem Falle sollte die Leitung in jedem Fall zuvor mit dem Träger Absprachen treffen, damit keine Entwicklungen angestoßen werden, die dann nicht zu realisieren sind (vgl. SMART-Formel und Zielvereinbarung).

Schrittweises Vorgehen

Die Qualitätsentwicklung erfolgt Schritt für Schritt und ist kumulativ. Der Entwicklungsprozess ist nicht nur dynamisch, sondern auch zyklisch. Damit ist gemeint, dass die Ergebnisse während des Verfahrens immer wieder gesichert und überprüft werden, was im Endeffekt eine Qualitätsprüfung bedeutet. Das beinhaltet auch, dass das Erreichen eines Ziels oder die Entwicklung eines Themas immer wieder auf dem Prüfstein steht, aber nicht zwangsläufig bei jeder Überprüfung auch eine Veränderung stattfinden muss.

Aus dem Teamprozess zu lernen, Methoden, Verfahren und Produkte einer ständigen Qualitätsprüfung zu unterziehen und gegebenenfalls Veränderungen vorzunehmen, sind wichtige Funktionen im gemeinschaftlichen Prozess. Auch die Prüfung auf Praxistauglichkeit ist ein zentrales Element. In der Qualitätsentwicklung bedeutet dies, die entwickelten Ideen, Produkte und Methoden in der Praxis einem Test auf Angemessenheit zu unterziehen.

Die Aufgaben in den einzelnen Phasen sollten in kleine Schritte aufgeteilt werden. Die Anzahl der Schritte innerhalb einer Phase hängt vom jeweiligen durch das Team definierten Arbeitsauftrag ab.

Prozessdokumentation

Die Dokumentation von Entwicklungsprozessen, meist in Form von Protokollen, schafft Verbindlichkeit und Transparenz für alle beteiligten Fachkräfte. Darüber hinaus wird durch Dokumentationen das weitere Vorgehen geklärt. Sie unterstützen aber auch die Reflexion des Prozesses, indem mit ihrer Hilfe ein komplexer Zusammenhang rekonstruiert werden kann.

Eine weitere wichtige Funktion von Dokumentationen besteht darin, gegenüber dem Träger und den Familien Transparenz zu schaffen und ihnen einen umfassenden Einblick in die pädagogische Arbeit der Einrichtung zu geben. Die Form der Dokumentation wählt das Team entsprechend seiner Arbeitsweisen aus.

Zur Prozessdokumentation
gehört die Dokumentation:

- des Verlaufs von Teamsitzungen
- von Absprachen im Team
- von Zielen
- von gestellten Aufgaben
- von Verantwortlichkeiten sowie
- der Terminierung.

Moderation

Bei komplexen Prozessen, die einer Planung und Abstimmung bedürfen, übernimmt eine Fachkraft die Aufgaben der Moderation. Ihr kommt im Prozess eine Schlüsselrolle zu. Sie übernimmt die Verantwortung für den Prozess und gewährleistet die fachliche Angemessenheit.

Die Verantwortung bezieht sich im Einzelnen auf:

- die Planung des Verfahrens
- die Vorbereitung von einzelnen Entwicklungsschritten
- die Durchführung der einzelnen Entwicklungsschritte
- die Dokumentation des Verfahrens
- das Controlling
- die Sicherung der Ergebnisse
- die Motivation und
- die Benennung von Qualifizierungsbedarfen.

Mit der Sicherstellung der fachlichen Angemessenheit ist vor allem die Orientierung an wissenschaftlichen Erkenntnissen aus der Fachdisziplin gemeint.

Im Einzelnen sind damit folgende Aufgaben verbunden:

- Begleiten der fachlichen Diskussionen
- Durchführung bzw. Organisation von Literaturrecherchen
- Vorstellen von Fachliteratur bzw. Organisation der Präsentation
- Sicherstellen der fachlichen Angemessenheit im Team
- Auswahl der Inhalte bzw. deren Organisation
- Verknüpfung von pädagogischem Handeln und fachlichen Aspekten bzw. Delegation und Begleitung dieser Verknüpfung
- Schriftliche Fixierung der Konzeptionselemente bzw. deren Organisation.

Bei der Auswahl der Moderation sollte darauf geachtet werden, dass diese über Moderationserfahrungen und die notwendigen Kompetenzen verfügt.

Für die Leitung als Moderatorin sprechen folgende Gründe – sie verfügt über:

- Kenntnisse in Moderation und Controlling
- ein Zeitkontingent zur Planung von organisatorischen Abläufen und Aufgaben sowie zur Vorbereitung von Teamsitzungen und -prozessen
- Erfahrungen in Bezug auf Teamführung und Vorbereitung von Teamsitzungen
- Personalverantwortung und Erfahrung mit Personalentwicklungsgesprächen
- Einen Einblick in das gesamte Team und die Stärken und Schwächen einzelner Mitarbeiterinnen und Mitarbeiter
- Kompetenzen zur Darstellung der Einrichtung in der Öffentlichkeit und der pädagogischen Arbeit gegenüber dem Träger
- Erfahrungen in anderen Entwicklungsprozessen.

Jede Moderation hat ihre persönliche Handschrift und gestaltet den Prozess individuell. Einige Moderatorinnen und Moderatoren arbeiten eher teamorientiert, d. h. sie besprechen die Aufgaben im Team und delegieren. Andere werden die Verantwortung für den Entwicklungsprozess selbst übernehmen und stärker steuern und vorgeben. Hier gibt es nicht den richtigen Weg. Vielmehr geht es darum, einen Weg zu finden, der sowohl der Persönlichkeit der Moderatorin bzw. des Moderators als auch dem Charakter des Teams entspricht. Das Team sollte sich allerdings vor Beginn des Prozesses auf Prinzipien verständigen, die im weiteren Verlauf für alle verbindlich sind. Folgende Aspekte sind dabei hilfreich:

- Teamabsprachen werden eingehalten. Insbesondere gilt das für Absprachen im Vorgehen, Zeitabsprachen, aber auch für gemeinsam erarbeitete Ziele. Wenn es Probleme mit einer Absprache gibt, sollte dies wiederum im Team geklärt werden und zu einer neuen verbindlichen Absprache führen.
- Das Team orientiert seine Arbeit an den formulierten Zielen und angestrebten Ergebnissen. Die Moderation hat hierbei die Aufgabe darauf zu achten, dass die Kolleginnen und Kollegen in Diskussionen beim Thema bleiben, die vorgegebene Zeit für die gestellte Aufgabe nutzen und zugesagte Arbeitsgrundlagen der Kleingruppen wie abgesprochen vorliegen, um zielgerichtet am Prozess zu bleiben.
- Die Moderation und die pädagogischen Fachkräfte akzeptieren die eigene Rolle und die der anderen. Der Entwicklungsprozess kann nur dann erfolgreich sein, wenn sich alle Beteiligten in ihren Rollen anerkennen und wertschätzen. Dazu gehört auch, dass das Verfahren von allen getragen wird.
- Das Team einigt sich darauf, dass sich die Ergebnisse und Zielperspektiven an der fachlichen Diskussion orientieren. Bei der Entwicklung der Konzeption ist es deshalb wichtig, die eigene Arbeit auch immer wieder auf deren fachlichen Gehalt zu prüfen und gegebenenfalls den Wissensstand zu erweitern und zu aktualisieren.

Zusammenfassend lässt sich sagen: Für den Entwicklungsprozess wird eine Moderation benötigt, die den Ablauf des Prozesses vorstrukturiert und darauf achtet, dass die Inhalte und Ergebnisse fachlich abgesichert sind. Ihr kommt somit eine große Verantwortung für das Gelingen des Prozesses zu. Durch Absprachen ermöglicht sich ein Team einen zielorientierten Ablauf und die Schaffung eines positiven Arbeitsklimas.

2. Das dynamische Entwicklungsmodell

Im Folgenden wird das Entwicklungsmodell, dem die Qualitätsentwicklung zugrunde liegt, vorgestellt. Das Verfahren ist systematisch, d.h. es baut jeweils auf dem vorhergehenden Schritt auf. Systematisch ist es aber auch hinsichtlich seiner Gliederung. Die Entwicklungsprozesse finden immer in drei Phasen statt: der Orientierungsphase, der Entwicklungsphase sowie der Reflexionsphase. Jede dieser drei Phasen ist durch unterschiedliche Schwerpunktsetzungen gekennzeichnet.

In der **Orientierungsphase** liegt der Schwerpunkt auf der Auseinandersetzung mit den Inhalten und Verfahren des zu bearbeitenden Themas, in der **Entwicklungsphase** erarbeitet das Team konkrete Inhalte, Methoden und Konzepte und abschließend in der **Reflexionsphase** werden sowohl die Inhalte als auch das Vorgehen reflektiert und bewertet.

Im Folgenden wird zunächst das theoretische Konzept des dynamischen Entwicklungsmodells kurz beschrieben, um dann modellhaft typische Schritte der Qualitätsentwicklung vorzustellen. Um ein zügiges Zurechtfinden sicherzustellen, werden die einzelnen Schritte jeweils nach dem gleichen folgenden Prinzip gegliedert:

1. Zielperspektive

Mit jedem Entwicklungsschritt werden ein oder mehrere Ziele verbunden. Diese werden in Form der Zielperspektive zu Beginn eines jedes Schrittes kurz benannt. Für einen transparenten und effektiven Prozess ist es wichtig, dass alle Beteiligten jederzeit wissen, welche Ziele mit ihrem Handeln verbunden sind.

2. Inhalte

An dieser Stelle wird dem Team eine kurze Übersicht gegeben, was in diesem Schritt zu tun ist. Es wird allerdings darauf verzichtet, kleinschrittige methodische Anweisungen zu geben. Teams können aufgrund ihrer Erfahrungen und ihrer Arbeitsweisen das spezifische Vorgehen am besten selbst entscheiden.

3. Dauer

Zur besseren Planung ist jeweils angegeben, wie viel Zeit für den jeweiligen Arbeitsschritt benötigt wird.

4. Arbeitshilfen

An den Stellen, an denen Arbeitshilfen für die Arbeit im Team unterstützend sind, werden geeignete Materialien am Ende des jeweiligen Schrittes bereitgestellt. Die Arbeitsmaterialen sind als Impuls zu verstehen und können von den Teams ihren Arbeitsweisen und Themen entsprechend modifiziert werden.

2.1 Orientierungsphase

Der Entwicklungsprozess beginnt mit der Orientierungsphase. In der Qualitätsentwicklung wird diese auch als Phase der Selbst-Evaluation bezeichnet. Hier stellen sich dem Team verschiedene Aufgaben, die die Mitglieder, bevor sie mit der eigentlichen Qualitätsentwicklung beginnen können, zu erledigen haben. Dazu gehören zum Beispiel die Einstellungen der Kolleginnen und Kollegen zur Qualitätsentwicklung zu erfassen, Ziele zu formulieren, ein Thema auszuwählen, Daten bzw. Informationen zu gewinnen, den Ist-Stand zu beschreiben. Teams verschaffen sich also zunächst einmal einen Überblick über den Entwicklungsstand der Einrichtung. Das kann zunächst in einer Bestandsaufnahme der eigenen Arbeit durch die einzelnen Fachkraft geschehen oder auch schon in einem Kleingruppen- bzw. Teamprozess.

In der Orientierungsphase bearbeitet das Team folgende Aspekte:

Austausch über die eigene Arbeit: Eine erste Aufgabe für die Fachkräfte besteht darin, sich mit den Teamkolleginnen und -kollegen über die Qualitätsentwicklung auszutauschen.

Thema festlegen: Das Team legt sich fest auf ein Thema, das bearbeitet werden soll. Es achtet darauf, dass dieses Thema überschaubar und nicht zu umfangreich ist.

Bestandsaufnahme durchführen: Hierbei geht es um den Ist-Zustand der pädagogischen Arbeit in dem ausgewählten Themenbereich, also um eine einleitende Analyse der bereits existierenden bzw. noch zu entwickelnden Handlungen und/oder Kompetenzen.

Perspektiven entwickeln: Das Team entwickelt gemeinsam Perspektiven hinsichtlich des gewählten Themas.

Wissen generieren: Um die fachliche Angemessenheit zu garantieren, ist es notwendig, sich gezielt neues Wissen anzueignen.

Aufträge formulieren: Am Ende der Orientierungsphase steht ein eindeutiger Arbeitsauftrag, dem sich die Mitglieder des Teams verpflichtet fühlen. Aus diesem Auftrag heraus ergibt sich der Arbeitsprozess in der folgenden Entwicklungsphase.

Der Erfahrungsaustausch ist wichtig für den weiteren Arbeitsprozess, denn aus der Analyse des Ist-Zustandes leiten sich Fragestellungen ab, die im weiteren Prozess beantwortet werden müssen, und Konzeptideen entstehen. Der Austausch informiert alle Fachkräfte über Unterschiede und Gemeinsamkeiten in der praktischen Umsetzung und über einrichtungsspezifische Festlegungen. In diesem Diskussionsprozess werden auch Gedanken und Vorstellungen der Kolleginnen und Kollegen sichtbar, die für die Entwicklung des Bereiches wichtige Impulse geben können.

Schritt 1: Reflexion über die Qualitätsentwicklung

1. Zielperspektive
Die Fachkräfte der Einrichtung wissen, was Qualitätsentwicklung bedeutet und was in einem Qualitätsentwicklungsprozess erreicht werden soll.

2. Inhalte
Das Team setzt sich mit verschiedenen Verfahren der Qualitätsentwicklung auseinander. Das kann durch kurze Impulsreferate einzelner Fachkräfte oder eine Einführung durch eine Fachkraft geschehen. In diesem ersten Schritt entscheidet sich das Team noch nicht für ein Verfahren, sondern schaut erst einmal, welche Verfahren und Instrumente zur Verfügung stehen und somit für den eigenen Prozess infrage kommen. Hier kann es hilfreich sein, verschiedene Materialien und Fachartikel in der Einrichtung auszulegen, mit denen sich die Fachkräfte während der ersten Phase immer wieder einmal beschäftigen können.

M2.1

23

3. Dauer

Für die Auseinandersetzung mit den verschiedenen Qualitätsentwicklungsmodellen reicht in der Regel eine Teamsitzung. Allerdings gestaltet sich diese Sitzung umso effektiver, je intensiver sich die Fachkräfte außerhalb der Teambesprechungen, zum Beispiel gemeinsam in der Einrichtung oder auch allein aus eigenem Interesse, mit diesem Thema beschäftigen.

Schritt 2: Festlegung der Team-Strategie

1. Zielperspektive

Die Fachkräfte reflektieren ihre eigene Position zur Qualitätsentwicklung. Das Team entscheidet gemeinsam über ein Vorgehen und eine einrichtungsinterne Strategie.

2. Inhalte

Zunächst einmal reflektieren die einzelnen Fachkräfte über ihre individuellen Einstellungen zu Qualitätsentwicklungsprozessen und überlegen sich, welche Aufgaben zu übernehmen sie bereit wären. Darüber hinaus sollten sie sich bewusst machen, welche Ziele sie mit der Qualitätsentwicklung verbinden. Die Ergebnisse des Reflexionsprozesses werden im Team diskutiert und Bedenken gegen die Qualitätsentwicklung gemeinsam besprochen (siehe Arbeitsmaterial 04 & 05, Seite 25 ff.).

Das Team entscheidet anschließend, wie es in der Qualitätsentwicklung vorgehen möchte und wählt gemeinsam Methoden und Verfahren aus. Diese strategischen Überlegungen sind am besten im Gesamtteam zu diskutieren. In einzelnen Fällen, wie zum Beispiel in großen Teams, bietet es sich an, dass die Moderation oder eine Kleingruppe diese Entscheidung vorbereitet. Auf jeden Fall muss in diesem Schritt für alle Fachkräfte klar werden, wie der Prozess der Qualitätsentwicklung organisiert wird.

Dazu gehört auch, dass geklärt wird:

- wie viel Zeit für die Qualitätsentwicklung zur Verfügung steht,
- welche Aufgaben erledigt werden müssen,
- wer welche Aufgaben übernimmt,
- wann der Prozess abgeschlossen werden soll bzw. wann welche Meilensteine erreicht sein sollen,
- ob weitere externe Personen eingebunden werden,
- welche Ressourcen benötigt werden.

3. Dauer

Wenn es im Team keine größeren Abweichungen in den Meinungen gibt, ist dieser Prozess innerhalb einer Teamsitzung abgeschlossen. Sollten sich an dieser Stelle Differenzen zeigen, muss sich das Team die Zeit nehmen, um diese zu besprechen. Bei Teambegleitungen wird immer wieder die Erfahrung gemacht, dass viele Teams an dieser Stelle nicht über ihre Einstellungen, Voraussetzungen, Ängste und Wünsche reden. Oftmals entzünden sich Unstimmigkeiten dann erst im späteren Prozess an den Inhalten. Dadurch zieht sich der Entwicklungsprozess in die Länge und es entstehen Frust und Unlust im Team. In einer solchen Situation gelingt es den Teams dann oftmals nicht, sich konzentriert weiter mit den Inhalten zu beschäftigen. Werden aber die Erwartungen, Möglichkeiten, Einstellungen, Ängste und Wünsche im Vorfeld thematisiert, bekommt jede Fachkraft die Möglichkeit, Einfluss auf die Gestaltung sowie die Strategie zu nehmen und/oder ihre Position deutlich zu machen.

Allerdings bedarf es dazu einer guten Vorbereitung, indem die Fachkräfte zum Beispiel den Reflexionsbogen bereits (siehe Seite 25 f.) im Vorfeld der Teambesprechung ausfüllen. Die Moderation sollte die Auswertung der Reflexion bewusst vorbereiten, sodass an den „schwierigen" Stellen zielführend diskutiert werden kann.

REFLEXIONSBOGEN

M2.1

Hier finden Sie einige Aussagen zur Qualitätsentwicklung. Bitte überlegen Sie, wie Sie diese Aussagen einschätzen:	Stimme nicht zu	Stimme eher nicht zu	Stimme eher zu	Stimme zu
Solche Prozesse kosten viel Zeit und bringen für mich keine neuen Erkenntnisse.	❑	❑	❑	❑
Solche Teamprozesse finde ich gut, denn dann setzen wir uns endlich mal mit Inhalten in Teambesprechungen auseinander.	❑	❑	❑	❑
Qualitätsentwicklung ist für mich sehr spannend, da ich gute neue Ideen von den Kolleginnen und Kollegen bekomme.	❑	❑	❑	❑
Solche Prozesse führen nicht dazu, dass sich danach irgendetwas ändert.	❑	❑	❑	❑
Reden bringt die praktische Arbeit nicht voran.	❑	❑	❑	❑
Ich weiß am besten selbst, was für die Kinder meiner Gruppe gut ist.	❑	❑	❑	❑
Fachartikel und Materialien sind mir zu theoretisch, ich brauche praktische Tipps.	❑	❑	❑	❑
Ich freue mich auf den Prozess der Qualitätsentwicklung.	❑	❑	❑	❑
Es wird Zeit, dass sich in unserer Einrichtung mal wieder etwas tut.	❑	❑	❑	❑
Ich weiß eigentlich gar nicht so richtig, warum wir die Qualitätsentwicklung brauchen.	❑	❑	❑	❑
Ich würde in der Zeit, die wir für die Qualitätsentwicklung brauchen, lieber mit den Kindern arbeiten.	❑	❑	❑	❑
Wir sind so unterschiedlich, dass wir uns auf gemeinsame Ideen so oder so nicht einigen können.	❑	❑	❑	❑
Ich halte Qualitätsentwicklung für wichtig, da man seine eigene Arbeit so immer wieder überprüfen kann.	❑	❑	❑	❑
Reflektieren ist mir für meine Arbeit ganz wichtig.	❑	❑	❑	❑

Meine Ziele für die Qualitätsentwicklung
(Die Ziele beziehen sich noch nicht auf ein Thema, sondern allgemein auf die Qualitätsentwicklung):

1. Ziel

2. Ziel

3. Ziel

REFLEXIONSBOGEN

Aufgaben in der Qualitätsentwicklung, die ich gerne übernehmen würde:

1. Aufgabe	
2. Aufgabe	
3. Aufgabe	

Aufgaben in der Qualitätsentwicklung, die ich nicht gerne übernehmen würde:

1. Aufgabe	
2. Aufgabe	
3. Aufgabe	

ARBEITSMATERIAL 04

KLÄRUNG DES PROZESSES

Wie viel Zeit steht für die Qualitätsentwicklung im Monat zur Verfügung?

Welche allgemeinen Aufgaben müssen im Prozess übernommen werden?

Wer übernimmt die Moderation bzw. Co-Moderation und welche Aufgaben sind damit verbunden?

Moderation:	
Aufgaben:	
Co-Moderation:	
Aufgaben:	

ARBEITSMATERIAL 05

M **2.1**

KLÄRUNG DES PROZESSES

Welche anderen Aufgaben – z. B. Dokumentation, Zusammenführung von Ergebnissen – werden vom wem übernommen?

Aufgabe	Übernommen von: _____
Aufgabe	Übernommen von: _____
Aufgabe	Übernommen von: _____

Welche Meilensteine (Zwischenziele) sollen wann erreicht werden?

Meilenstein 1	Soll erreicht werden am: _____
Meilenstein 2	Soll erreicht werden am: _____
Meilenstein 3	Soll erreicht werden am: _____
Meilenstein 4	Soll erreicht werden am: _____

Wann soll der Qualitätsentwicklungsprozess abgeschlossen sein?

Abschluss am: _____

Müssen weitere externe Personen eingebunden werden? Wenn ja, wer und mit welcher Aufgabe?

Aufgabe	Übernommen von: _____
Aufgabe	Übernommen von: _____

Welche zusätzlichen Ressourcen werden benötigt?

ARBEITSMATERIAL 05

27

Schritt 3: Mittel- und langfristige Organisationsziele festlegen

1. Zielperspektive

Das Team verabredet einen verlässlichen Prozess, der für alle Fachkräfte nachvollziehbar und transparent ist. Darüber hinaus vereinbart das Team mittel- und langfristige Organisationsziele.

2. Inhalte

Entwicklungsprozesse, die über einen längeren Zeitraum durchgeführt werden, erfahren durch unterschiedliche Störfaktoren – wie zum Beispiel hohe Krankenstände, Urlaub, akuter Handlungsbedarf und z. T. auch Personalwechsel – Einschränkungen. Diese Einschränkungen führen oftmals zu Verzögerungen und Verschiebungen und in seltenen Fällen sogar zum Abbruch von Entwicklungsprozessen. Die Faktoren sind aber sehr schwierig auszuschalten, da die Ursache in der Regel wenig steuerbar oder vorhersagbar ist.

Es gibt aber auch einige Störfaktoren, die durch eine geschickte Planung minimiert werden können. Dazu gehören auf der einen Seite formale Faktoren wie Ferien, Feste und Feiern sowie auf der anderen Seite persönliche Faktoren, wie zum Beispiel Motivationsverlust, Überlastung, fehlende Zielorientierung oder Disziplinverlust.

Indem das Team die für sich relevanten Faktoren betrachtet und überlegt, wie damit im Notfall umzugehen ist, kann der negative Einfluss dieser Störung minimiert werden. Zwar kann der Störfaktor an sich meistens nicht völlig ausgeschaltet werden, aber durch entsprechende Handlungsoptionen und Handlungskonzepte kann ein Team die Störung minimieren, zum Beispiel durch eine geschickte Umgehung oder Kompensation: Fällt etwa die Verabschiedung der Schulkinder in den Zeitraum des Entwicklungsprozesses und schließen direkt daran die Sommerferien an, muss das Team zu Beginn der Planung darauf achten, dass in dieser Phase keine zeitintensiven Entwicklungsarbeiten stattfinden.

Neben der Klärung des Prozesses entwickeln Teams in dieser Phase mittel- und langfristige inhaltliche und strategische Ziele für ihre Einrichtung. Als mittel- und langfristig werden solche Ziele bezeichnet, für deren Umsetzung ein längerer oder komplexerer Prozess in der Einrichtung nötig ist oder Absprachen mit dem Träger notwendig sind. Mittel- und langfristige inhaltliche Ziele können zum Beispiel die Entwicklung und Implementation eines Sprachbegleitungskonzeptes sein oder die Entwicklung und der Einsatz eines Portfolios. Ein langfristiges strategisches Ziel einer Tageseinrichtung kann darin bestehen, den Tagesstättenbereich für Kinder unter drei Jahren auszubauen oder integrativ pädagogisch arbeiten zu wollen.

Die Benennung solcher Ziele hilft Teams zu vermeiden, dass Entwicklungsprojekte ohne Zusammenhang nebeneinander stehen. Teams können auf der Grundlage dieser Ziele einzelne Maßnahmen und Entwicklungsprozesse im Rahmen der Qualitätsentwicklung besser planen und umsetzen. Ziele werden mithilfe der Zielvereinbarung fixiert (vgl. Arbeitsmaterial 07, Seite 29).

3. Dauer

Für diesen Prozess reicht normalerweise eine Teambesprechung. Die Diskussion über mittel- und langfristige Ziele sollte nicht in eine Grundsatzdebatte münden. In vielen Einrichtungen werden bereits vor diesem Prozess mittel- und langfristige Ziele vorhanden sein. In diesem Fall bräuchten diese nur zusammengetragen und möglicherweise ergänzt werden. In Einrichtungen, in denen es noch keine mittel- und langfristigen inhaltlichen und strategischen Ziele gibt, bedarf es dann einer etwas ausführlicheren Diskussion. Hier ist es ratsam, auch einen Trägervertreter hinzuzuziehen.

M 2.1

UMGANG MIT STÖRFAKTOREN

Das Team vereinbart, wie die aufgeführten Störfaktoren berücksichtigt werden und mit welchen Strategien ihnen begegnet werden soll. Sollten im Prozess weitere Störfaktoren auftreten, werden sie hier entsprechend ergänzt:

Störfaktor	Strategie zum Umgang mit dem Störfaktor

ARBEITSMATERIAL 06

MITTEL- UND LANGFRISTIGE ZIELE

Das Team vereinbart folgende mittel- und langfristige inhaltliche Ziele:

Ziel	Erfüllt bis	Verantwortliche Mitarbeiterin bzw. Mitarbeiter

ARBEITSMATERIAL 07

29

Schritt 4: Aktuelles Thema der Qualitätsentwicklung festlegen

1. Zielperspektive

Das Team legt sich auf ein Thema für die Qualitätsentwicklung fest.

2. Inhalte

Nachdem in den vorherigen Schritten grundlegende Gelingensbedingungen für den Qualitätsentwicklungsprozess erarbeitet und festgelegt worden sind, beginnt nun mit dem Schritt 4 die eigentliche themenbezogene Qualitätsentwicklung. Das Team entscheidet sich in diesem Schritt für ein Thema.

Doch Themen fallen nicht vom Himmel – vielmehr gibt es einen Anlass dafür, dass ein Thema in einer Kindertageinrichtung für die Qualitätsentwicklung interessant wird. Gründe für eine Entscheidung für ein bestimmtes Thema können sein:

- Das Team wollte schon immer in diesem Themenbereich etwas ändern, ist aber nie dazugekommen.
- Hier handelt es sich um ein innovatives Team, das die eigene Arbeit immer weiterentwickeln möchte.
- Eltern spiegeln dem Team, dass sie in einem bestimmten Bereich mit der Arbeit unzufrieden sind.
- Die Kinder interessieren sich für bestimmte Spielbereiche nicht.
- Die Fachkräfte stellen fest, dass einige Kinder keine ausreichenden Fähigkeiten, Fertigkeiten und Kompetenzen in bestimmten Entwicklungsbereichen oder Themenfeldern besitzen.
- Die Kinder sprechen bestimmte Wünsche und Interessen immer wieder aus.
- Das Team hat schon lange nicht in seinen Besprechungen an Inhalten gearbeitet. Es ging immer nur um Organisatorisches und Formales.
- Der Bildungsplan des Bundeslandes verpflichtet zu einer Aufgabe.
- Der Träger fordert Veränderungen ein.

In vielen Einrichtungen drängen sich direkt mehrere Themen auf. Hier entscheidet die Mehrheit des Teams, welches Thema als erstes behandelt werden soll. Wenn ein Team groß genug ist und sich zutraut, in Kleingruppen zwei Themen parallel zu bearbeiten, ist auch ein solches Vorgehen denkbar. Eine beliebte Methode zur Festlegung eines Themas besteht darin, zunächst alle infrage kommenden Themen auf ein Plakat zu schreiben. Nachdem die Liste der realistisch zu bearbeitenden Themen fertiggestellt ist, wird das Plakat im Personalraum aufgehängt. Nun bekommt jede Fachkraft eine bestimmte Anzahl von selbstklebenden Punkten, die sie dann für ihre wichtigsten Themen vergeben kann. Dabei kann jede Fachkraft selbst entscheiden, ob sie alle Punkte einem Thema zuordnet oder auf zwei oder mehrere Themen verteilt. In diesem Prozess ist es gut, wenn die Fachkräfte einige Tage Zeit haben, um sich zu entscheiden.

3. Dauer

Je nachdem, wie ein Team vorgeht, benötigt man eine halbe bis ganze Teambesprechung.

Schritt 5: Daten- und Informationsgewinnung festlegen

1. Zielperspektive

Das Team legt fest, auf welche Weise es an Informationen für die Bearbeitung des Themas kommen möchte.

2. Inhalte

Das Team hat sich nun auf ein Thema für die Qualitätsentwicklung festgelegt – das kann zum Beispiel ein Konzept zur Bewegungsförderung, zur Veränderung der Frühstückssituation oder zur Schlafenssituation der jüngeren Kinder sein. Die Fachkräfte wollen mehr mit den Kindern im Alltag interagieren, die Mitbestimmung der Kinder soll verstärkt werden... Die ersten Fragen, die sich ein Team dabei stellen muss, lauten:

M2.1

- Wie wird dieser Bereich bzw. dieses Thema zurzeit in unserer Einrichtung ausgestaltet?
- Wie wird die Ausgestaltung von den Kindern wahrgenommen?
- Wie wird die Ausgestaltung von den Eltern wahrgenommen?
- Was sagen Kolleginnen und Kollegen zu diesem Thema?
- Was wird in der Fachwissenschaft zu diesem Thema gesagt?

Um diese Fragen beantworten zu können, müssen die betroffenen Personen befragt und die Ergebnisse der Fachwissenschaft studiert werden. An dieser Stelle befindet sich das Team bereits mitten im Prozess – nun müssen Fakten, Informationen, Meinungen und Daten zusammengetragen werden, die zum einen Auskunft über die zurzeit vorhandene Qualität aus Sicht der jeweiligen Gruppe geben und zum anderen Perspektiven für Entwicklungen aufzeigen. Da dieser Schritt zentral für die weiteren Entwicklungen des Teams ist, werden in diesem Buch verschiedene Methoden zur Informations- und Datengewinnung (siehe Kapitel 3) ausführlicher vorgestellt. Insbesondere wird dabei auf die Kollegiale Beratung und Beobachtung, die Elternbefragung, das Feedback der Kinder sowie die Peer-Evaluation näher eingegangen. Die Auseinandersetzung mit der Fachliteratur, die im Prozess in der Entwicklungsphase ansteht, wird in Schritt 8 (siehe Seite 38 f.) erläutert. Die jeweilige Auseinandersetzung mit dem Ist-Zustand in der Einrichtung findet parallel zu diesem Schritt statt. Das Vorgehen verläuft gleichzeitig auf zwei verschiedenen Ebenen:

Ebene 1 – Reflexion im Team
Die Team-Reflexion fokussiert im Wesentlichen folgende Fragenkomplexe:

- Welche pädagogischen Handlungen, Inhalte und Ziele sind bereits in unserer pädagogischen Arbeit vorhanden?
- Welche pädagogischen Handlungen, Inhalte und Ziele fehlen?

- Welche Elemente der Umsetzung in diesem Themenfeld entsprechen unseren professionellen Vorstellungen einer angemessenen Pädagogik?
- Welche Elemente der Umsetzung entsprechen nicht unseren professionellen Vorstellungen einer angemessenen Pädagogik?
- Findet dieses Thema in unserer Einrichtung auch einen angemessenen Raum?

Am Ende der Diskussion liegt dem Team eine erste strukturelle Analyse der aktuellen pädagogischen Situation in diesem Themenbereich vor. Damit sind im Wesentlichen drei Aspekte klar:

1. Alle Fachkräfte haben jetzt einen ähnlichen Wissensstand, was die Umsetzung dieses Themas in den Gruppen der Einrichtung betrifft.
2. Die Bereiche, die vom Team positiv gesehen werden, sind identifiziert.
3. Es sind aber auch Bereiche erkannt, die als entwicklungsbedürftig angesehen werden.

Ebene 2 – Daten und Informationen beschaffen
Die Klärung der eigenen Sichtweise auf das Thema ist ein wichtiger Schritt für die Entwicklungsprozesse, denn sie bilden in jedem Fall den Kern der Betrachtung. Schließlich sind die pädagogischen Fachkräfte diejenigen in der Einrichtung, die ihre Pädagogik umsetzen müssen und die fachliche Expertise besitzen.

Aber dennoch ist es wichtig, dass die Sichtweise der weiteren Beteiligten evaluiert und beachtet wird. Die in Kapitel 3 aufgeführten Methoden und Arbeitsmaterialien unterstützen Teams bei der Entscheidung, wie die Beteiligten einzubinden sind. Nicht in jedem Fall müssen auch Kinder, Eltern und andere Fachkräfte beteiligt werden. Die Entscheidung hängt jeweils ganz vom Thema und den damit verbundenen Zielen ab.

Nachdem das Team entschieden hat, welche Gruppen beteiligt werden sollen, wählt das Team die passenden Verfahren und Instrumente aus. In

manchen Fällen müssen zusätzlich eigene Instrumente entwickelt bzw. die vorliegenden Instrumente auf die Spezifika der Einrichtung und des Themas angepasst werden. Ein eigenes Instrument kann hier zum Beispiel ein spezieller Elternfragebogen sein, der die Besonderheiten oder Schwerpunkte der pädagogischen Arbeit in den Fokus nimmt. Oder ein Beobachtungsbogen, den die Einrichtung einsetzen möchte, um bestimmte Alltagssituationen in Blick zu nehmen.

Mit dem nächsten Schritt der Qualitätsentwicklung kann es erst weitergehen, wenn die Daten und Informationen der möglichen Beteiligten vorliegen.

3. Dauer

Eine Zeitdauer für diesen Schritt anzugeben ist nicht möglich: Je nach Entscheidung im Team dauert die Datenbeschaffung länger oder geht schneller. In jedem Fall empfiehlt es sich, genügend Zeit für diesen Prozess einzuplanen.

2.2 Entwicklungsphase

Die Entwicklungsphase ist für die Teams der Ort, an dem die Analysen der Daten und Informationen aus der Orientierungsphase zu pädagogischen Ideen, Konzepten und Handlungen werden. In dieser Phase beschäftigen sich Teams mit der eigentlichen Qualitätsentwicklung. Hier werden gemeinsame Ideen diskutiert, Modelle entworfen und verworfen, Perspektiven aufgezeigt und Konzepte entwickelt. Aber auch das Ausprobieren neuer Ideen und Maßnahmen im Alltag steht hier an. Denn nur in der Praxis erprobte und für praktikabel erachtete pädagogische Konzepte sind für eine spätere Implementation geeignet. Diese kreative Phase ist für die Teams auch ein Prüfstein für die Fähigkeit, gemeinsam konzeptionell zu arbeiten.

Entwicklungsprozesse, so wie sie hier verstanden werden, sind nicht nur dynamisch sondern auch zyklisch. Mit einem dynamischen Prozess ist

vor allem die gegenseitige Beeinflussung der Entwicklungsschritte in einem fortlaufenden Prozess gemeint. Aber auch die Veränderungen, die sich aus der Erprobung der Konzepte ergeben, und die daraus resultierenden Neuentwicklung bzw. Veränderungen fallen darunter. Die Prüfung auf Praxistauglichkeit ist ein wesentlicher Faktor für die Entwicklung eines handhabbaren Modells.

Mit zyklisch ist gemeint, dass die Entwicklungsprozesse sich in einem ständigen Verfahren der Ergebnissicherung und -überprüfung befinden. Erreichte Ziele stehen immer wieder zur Überprüfung an, um die Qualität der Arbeit langfristig zu gewährleisten. Die Entwicklung von Standards ist dabei ein hilfreicher Schritt, denn anhand dieser lässt sich überprüfen, ob Ziele erreicht werden.

Mit der Auswahl von Themen für den ersten Durchlauf eines dynamisch-zyklischen Entwicklungsprozesses ist gleichzeitig eine erste Schwerpunktsetzung verbunden, d. h. dass für eine erste Bearbeitung die ausgewählten Themen im Fokus der Auseinandersetzung stehen. In einem weiteren Schritt werden Ziele, Methoden, Verfahren und Inhalte entwickelt, die im Rahmen der Qualitätsentwicklung bearbeitet werden sollen. So entsteht in der gemeinsamen Festlegung auf Inhalte, Ziele, Methoden und Verfahren ein einrichtungsspezifisches Vorgehen, das auf fachlichem Wissen und der Erfahrung der Fachkräfte des jeweiligen Teams basiert.

In dieser Phase des Entwicklungsprozesses muss das erarbeitete theoretische Konzept in der Praxis durch die beteiligten Fachkräfte erprobt und möglicherweise überarbeitet werden. Nur durch die Erprobung ist es möglich festzustellen, inwieweit das entwickelte Konzept in der Praxis, d. h. in der pädagogischen Arbeit, tragfähig ist.

Dieser Teil des Prozesses nimmt in der Regel längere Zeit und deutlich mehr Ressourcen in Anspruch als die anderen Schritte der Entwicklung – eine gut investierte Zeit. In dieser Phase bearbeitet das Team folgende Aspekte:

Plan - do - Check

M 2.2

Analyse von Daten: Die in der Orientierungsphase gewonnenen Daten werden mit Blick auf das zu bearbeitende Thema ausgewertet und analysiert. Aus dieser Analyse ergeben sich für den weiteren Entwicklungsprozess zentrale Entwicklungsaufgaben.

Entwicklung der eigenen Position: Anforderungen, die die Fachwissenschaft stellt, werden mit Blick auf eigene Positionierungen diskutiert. Durch den Blick auf den fachwissenschaftlichen Diskurs und die Hinzuziehung von Daten lassen sich Bedarfe erkennen, die für den Qualitätsentwicklungsprozess relevant werden.

Fokussierende Diskussion: Im Anschluss daran wird die eigene Position im Team entwickelt. Ziel ist es, einen von allen Fachkräften erzielten Konsens über die fachliche Gestaltung des diskutierten Themas zu erreichen. Dieser Konsens wird schriftlich niedergelegt.

Maßnahmeplanung: Das Ergebnis des Diskussions- und Entwicklungsprozesses ist eine Veränderung im pädagogischen Alltag. Diese Veränderung kann sich auf einzelne Handlungen und Gestaltungselemente beziehen, wie zum Beispiel die Gestaltung der Begrüßungssituation. Sie kann aber auch auf komplexe pädagogische Teilkonzepte abzielen, wie auf ein Konzept zur Sprachbegleitung. Je nach Umfang des zu bearbeitenden Themas wird die Entwicklungsphase entsprechend länger.

Maßnahmeüberprüfung: In einem letzten Schritt der Entwicklung werden die geplanten Maßnahmen in der Praxis auf Durchführbarkeit und Angemessenheit überprüft. Die Erprobung wird von den Fachkräften in den Gruppen durchgeführt und sich möglicherweise ergebende Veränderungen werden im Gesamtteam diskutiert.

Schritt 6: Analyse der vorliegenden Daten

1. Zielperspektive
Die Analyse des Teams über die eigene Arbeit (Selbstevaluation, Selbstbild) wird durch die Analyse der Aussagen der Beteiligten (Fremdevaluation, Fremdbild) ergänzt. Das Team plant das weitere Vorgehen unter Einbezug aller vorliegenden Daten.

2. Inhalte
Mit der Analyse der nun vorliegenden Daten tritt das Team in die Entwicklungsphase ein. Für den nun folgenden Entwicklungsprozess liegen dem Team Informationen und Daten der Selbstevaluation (Schritt 4 & 5) und die Daten der Fremdevaluation (Schritt 5) vor.

Der Begriff Daten wird hier in einem sehr weiten Verständnis verwendet. Er bezieht sich nicht ausschließlich auf Zahlen, sondern damit sind alle zur Verfügung stehenden Informationen gemeint, die durch Dokumentationen, Gespräche und Evaluation gewonnen wurden. Ein Merkmal der Daten ist allerdings, dass sie in einer gesicherten Form dokumentiert sind und den Beteiligten in einer nutzbaren Form zur Verfügung stehen. Auf Wunsch der Fachkräfte müssen bereits durchgeführte Analysen und daraus resultierende Hypothesenbildung anhand der Daten erläutert werden. Für den Qualitätsentwicklungsprozess handelt es sich in der Regel um Befragungs- und Gesprächsnotizen sowie Auswertungen von bereits früher angefertigten Dokumentationen.

Der Abgleich des eigenen Bildes mit der Einschätzung, die andere Personen von der geleisteten Arbeit haben, hat mehrere wichtige Funktion:

- Menschen, die aktiv in einem System wirken (hier: Kindertageseinrichtung) haben oft „blinde Flecken" in Bezug auf ihre eigenen Prozesse. Selbst mit hoher Fachlichkeit und einem ausgeprägten Reflexionsvermögen können diese „blinden Flecken" nicht immer aufgespürt werden. Externe Beobachter sind oftmals sehr treffsicher im Aufspüren und Benennen. Ein Team, das „blinde Flecken" gespiegelt bekommt, hat die Chance, diese zu erkennen und zu bearbeiten.

- Externe Personen haben eine andere Perspektive auf die pädagogische Arbeit. Fachkräfte schauen mit einem professionellen und fachlichen Blick, der von viel Erfahrung begleitet wird, auf die pädagogischen Prozesse. Oftmals wollen Fachkräfte mit ihrer Arbeit langfristig Kompetenzen, Fähigkeiten und Fertigkeiten bei Kindern aufbauen, die sich Externen nicht ohne Erläuterungen erschließen. An dieser Stelle ist eine transparente Kommunikation sehr wichtig.
- Eltern geben den Fachkräften oftmals Rückmeldungen über die pädagogische Arbeit, indem sie einen starken Bezug zu ihrem eigenen Kind herstellen.
- Kinder wiederum können sehr gezielt zu verschiedenen Aspekten im Alltag, den sie Tag für Tag erleben, gefragt werden. Dadurch bekommen Fachkräfte ein sehr gutes Feedback, wie die Umsetzung ihrer pädagogischen Ideen von den Kindern wahrgenommen wird. Gerade Vorstellungen, Interessen und Wünsche der Kinder können somit sehr gut wahrgenommen und für eine angemessene Gestaltung der pädagogischen Arbeit genutzt werden.
- Kolleginnen und Kollegen geben eine fachliche Rückmeldung über die eigene Arbeit, indem sie zum Beispiel kollegial beraten oder durch Kollegiale Beobachtung einen Eindruck von der Arbeit des anderen bekommen. Sie können somit – ähnlich wie in einer Teambesprechung – eigene Erfahrungen und eigenes Wissen einbringen. Damit werden die Handlungsoptionen der Fachkräfte größer und sie profitieren von einer vertrauensvollen und kollegialen Atmosphäre in der Einrichtung.

Die Auswertungen dieser Perspektiven stellen für Teams aber auch eine Herausforderung dar: Je besser die Qualität der Daten ist, desto leichter fällt es auch, diese zu interpretieren und für die Entwicklung nutzbar zu machen. Anfangs mag dieser Zugang noch ein ungewohntes Vorgehen und möglicherweise mit Unsicherheiten verbunden sein. Aber im Laufe der Zeit entwickeln sich ein gutes Gespür und eine immer größere werdende Fähigkeit, Daten zu verstehen, in Beziehung zu setzen und zu interpretieren. Die nachfolgenden Hinweise helfen Teams beim Umgang mit Daten:

Gesprächsnotizen

Jedes Gespräch, das für den Qualitätsentwicklungsprozess genutzt werden soll, muss protokolliert werden. Dazu bieten sich entweder freie Notizen oder ein vorgefertigter Protokollbogen an, in dem Aussagen zu vorher im Team vereinbarten Aspekten aufgeschrieben werden. Um diese Daten für den Qualitätsentwicklungsprozess nutzen zu können, muss eine inhaltsanalytische Vorgehensweise ausgewählt werden. Ein solches inhaltanalytisches Verfahren verlangt eine intensive Beschäftigung mit dem Text. Die Aufzeichnungen verschiedener Gespräche werden in Bezug auf Gemeinsamkeiten und Unterschiedlichkeiten analysiert. So wird erkennbar, welche Aspekte von mehreren Gesprächsteilnehmern benannt wurden und welche möglicherweise Einzelmeinungen sind. Leichter fällt diese Analyse, wenn sich das Team im Vorfeld auf bestimmte Aspekte einigt und einen Protokollbogen entwirft. Dadurch können die Notizen in einem ersten Schritt bereits erstmalig nach Kategorien sortiert werden. Die Analyse kann sich dann auf die jeweilige Kategorie beschränken.

Fragebögen

In der Regel werden Fragebögen eingesetzt, durch die die Befragten mit bestimmten Aussagen oder Fragen konfrontiert werden und ihnen die Möglichkeit gegeben wird, sich dazu auf einer Skala von „Stimme nicht zu" bis „Stimme zu" zu positionieren. Somit bekommt ein Team schnell einen Überblick, wie die Beteiligten zu verschiedenen Aspekten der Arbeit eingestellt sind. Die Auswertung solcher Fragebögen ist unkompliziert und erfordert wenig Zeit. Mithilfe eines Tabellenkalkulationsprogramms (z. B. Excel) sind schnell die Verteilungen der Antworten auf die Ausprägungsstufen zu berechnen. Wer sich ein weniger sicherer in mathematischen Operationen fühlt, kann dann auch Mittelwerte berechnen, die Teams dann die Möglichkeit geben zu sehen, bei welchen Aspekten die Zustimmung am größten und wo am geringsten ist. Fragebögen mit ausschließlich geschlossenen Fragen sind schnell zu erstellen und gut auszuwerten.

In einigen Fällen reichen geschlossene Fragen allerdings nicht aus – zum Beispiel dann nicht, wenn man von den Befragten eigene Perspektiven oder Ideen erfahren möchte. In solchen Fällen benötigt man offene Fragen, auf die die Befragten eine offene Antwort geben können. Die Auswertung dieser Antworten folgt dann dem Prinzip der inhaltsanalytischen Auswertung.

Dokumente auswerten

Dokumente lassen sich auf verschiedene Arten auswerten. Eine Version besteht in der bereits erwähnten inhaltsanalytischen Auswertung. Allerdings liegen hier nicht verschiedene Dokumente zu einem Thema vor, die verglichen werden müssen, sondern in der Regel gibt es ein Dokument, das auf zentrale Inhalte hin untersucht wird. Man kann Dokumente auch unter einer weiteren Perspektive auswerten: Konzeptionelle Dokumente geben oftmals den aktuellen Ist-Zustand einer Einrichtung wieder, Entwicklungsziele den Soll-Zustand, also das Ziel, das erreicht werden soll. Und genau die Differenz zwischen dem neudefinierten Ziel (Soll-Zustand) und dem aktuellen Stand (Ist-Zustand) kann mithilfe der vorhandenen Dokumente gezielt betrachtet werden. Die Frage, die leitend für diese Art der Analyse ist, lautet: Was muss noch getan werden, um das neue Ziel zu erreichen?

Beobachtungsbögen auswerten

Die Auswertung von Beobachtungsbögen ähnelt sehr stark der Auswertung von Fragebögen. In Beobachtungsbögen finden sich oftmals geschlosse-

ne Aussagen, die ebenfalls auf einer mehrstufigen Skala, wie zum Beispiel „nicht erfüllt" bis „voll und ganz erfüllt", eingeschätzt werden müssen. Anders als im Fragebogen können hier weder Mittelwerte noch Verteilungen berechnet werden, insofern lediglich eine Person oder eine Situation beobachtet wird. Hier werden dann die Eindrücke, die die Beobachterin bzw. der Beobachter gewonnen hat, dem Beobachteten gespiegelt. Falls ein solches Instrument mehrfach zum Einsatz kommt, kann man auch hier Tendenzen ausmachen. Aber in Beobachtungsbögen gibt es ebenfalls die Möglichkeit, offene Elemente zu integrieren – zum Beispiel, wenn eine Person eine Handlung in einer bestimmten Situation beschreiben soll, damit man später über den Verlauf diskutieren kann.

Diese vier Beispiele, die die häufigsten Datenquellen wiedergeben, sollten als Orientierung für die Teams ausreichend sein. Als Regel kann festgehalten werden: Je mehr offene Antworten bzw. Texte vorliegen, desto höher der Analyseaufwand. Je mehr geschlossene Antworten es gibt, desto geringer der Analyseaufwand. Allerdings haben Aussagen in geschlossenen Verfahren auch eine geringere Tiefe, und es fehlen ihnen auch die „individuellen Noten" der Befragten. Eine gute Ausbalancierung beider Möglichkeiten ist hier vermutlich der Königsweg.

3. Dauer

In die Analyse von Daten kann man sehr viel Zeit stecken. Wie viel Zeit benötigt wird, um vorliegende Daten auszuwerten, hängt stark von der Datenmenge und der Datenqualität ab. Teams sollten versuchen, eine Balancierung von Genauigkeit und Zeitaufwand herzustellen. Nicht in jedem Fall müssen die Daten bis in die letzte Wendung untersucht werden. In vielen Fällen geben erste systematische Analysen bereits eine Fülle an Informationen, die für die Gestaltung des folgenden Prozesses ausreichend sind. Auf keinen Fall sollten sich Teams länger als zwei Teamsitzungen mit der Analyse der vorliegenden Daten beschäftigen.

ERGEBNISPROTOKOLLIERUNG

In dieser Arbeitshilfe werden zentrale Ergebnisse der Datenanalyse erfasst.

Thema der Qualitätsentwicklung:	

Ergebnis der Analyse

Datenquelle(n):		
Zusammenfassung der Hauptaussagen	1.	
	2.	
	3.	
	4.	
	5.	
Positionierung des Teams	zu 1.	
	zu 2.	
	zu 3.	
	zu 4.	
	zu 5.	
Konsequenzen	1.	
	2.	
	3.	
	4.	
	5.	

Schritt 7: Fachliche Auseinandersetzung mit dem ausgewählten Thema

1. Zielperspektive

Das Team tauscht sich zum Thema inhaltlich aus und nutzt die gemeinsamen Kapazitäten. Die aktuelle Fachliteratur zum ausgewählten Thema wird von den Fachkräften für den Entwicklungsprozess analysiert.

2. Inhalte

Kein Team beginnt bei einem Qualitätsentwicklungsprojekt für ein Thema bei null. In den Teams herrscht in der Regel eine Menge Professions- und Erfahrungswissen vor. Nur ist es meistens nicht für das gesamte Team verfügbar. Fachkräfte, die eine Spezialisierung in einem Themenbereich besitzen, sind ein wichtiges Potenzial des Teams. Ein Team sollte zunächst versuchen, diese Informationsquelle für die Qualitätsentwicklung nicht nur in Teamdiskussionen zu nutzen, sondern diesen Fachkräften die Möglichkeit zu bieten, ihr Wissen und ihre Erfahrung aktiv (z. B. in Form von einführenden Referaten) weiterzugeben.

Die zweite Quelle, die ein Team nutzen wird, sind Fachpublikationen. In den meisten Fällen werden Teams nicht die zeitliche Möglichkeit haben, gleich ganze Fachbücher zu lesen. Aber es gibt mittlerweile viele kürzere Beiträge in Fachzeitschriften oder im Internet, auf die man gut zugreifen und unaufwändig für ein Referat nutzen kann.

Darüber hinaus gibt es die Möglichkeit der Fortbildung. Fachkräfte eines Teams, die ein besonderes Interesse an dem ausgewählten Thema haben, fungieren dann als Multiplikatoren für die Einrichtung und vermitteln das in der Fortbildung gewonnene Fachwissen weiter.

3. Dauer

Die Auseinandersetzung mit Fachliteratur ist nur außerhalb der Teambesprechungen möglich. Entweder bekommen Fachkräfte während des Alltags die Möglichkeit, sich auf ein Impulsreferat vorzubereiten, oder sie machen es in ihrer Freizeit. Insgesamt reicht aber eine Teambesprechung, um den Stand über die Literatur aufzuarbeiten.

Bei Fortbildungen ist das Team stark abhängig vom Angebot vor Ort. Oft kommen auch die Haushaltsplanungen der Träger hinzu. Diese wollen in der Regel die Fortbildungsplanung immer weit im Vorfeld von der Einrichtung mitgeteilt bekommen. Hier wäre eine Budgetierung des Fortbildungsgeldes eine solide Lösung. Das würde nicht nur die Eigenverantwortlichkeit der Einrichtung stärken, sondern auch den Spielraum geben, situationsangemessen handeln zu können.

Schritt 8: Entwicklung von Zielen und Aufgaben

1. Zielperspektive

Das Team entwickelt Ziele für die Qualitätsentwicklung zum gewählten Thema. Es bespricht Aufgaben und delegiert diese an die Teammitglieder.

2. Inhalte

Das Team hat nun die Datenanalyse abgeschlossen. Die verschiedenen Perspektiven zum ausgewählten Thema sind betrachtet worden und werden nun im nächsten Schritt in die Maßnahmeplanung einbezogen. Doch bevor nun konkrete Maßnahmen zur Verbesserung der pädagogischen Arbeit geplant und ausprobiert werden, müssen zunächst die Ziele benannt werden.

Ziele – das wurde an anderen Stellen des Modells bereits deutlich – haben in der Qualitätsentwicklung sehr große Bedeutung. In ihnen drückt ein Team sein Vorhaben aus, die pädagogische Arbeit auf eine bestimmte inhaltliche und prozessuale Qualität hin zu entwickeln. Hier werden die pädagogischen Vorstellungen der Fachkräfte in Worte gefasst und es wird aufgezeigt, was ein Team tun möchte, um den Kindern eine optimale Förderung und Begleitung zu ermöglichen.

M2.2

Ziele bieten sowohl innerhalb des Teams als auch für Eltern, Trägervertreter und Kinder Orientierung, Verlässlichkeit und Transparenz. Am Erreichen ihrer selbstgesteckten Ziele kann sich ein Team messen und messen lassen. Ziele machen die pädagogische Arbeit überprüfbar, und somit kann sie zum Gegenstand interner und externer Evaluation, also auch Gegenstand der Qualitätsentwicklung werden.

Zur Formulierung der Ziele nutzen Teams das Arbeitsmaterial 03 – Zielvereinbarungen (siehe Seite 17 f.). Dort werden alle wesentlichen Aspekte, die für „gute" Ziele wichtig sind, beachtet und den Teams wird somit geholfen, ihre eigenen Ziele mithilfe der SMART-Formel kritisch zu überprüfen.

Bei der Formulierung der Ziele achten Teams darauf, dass die Ziele

- nicht zu umfangreich sind, sondern sich auf überschaubare Inhalte erstrecken,
- sich auf einen angemessenen Gegenstand beziehen,
- verständlich und eindeutig formuliert werden,
- realisierbar sind und nicht „Wunschvorstellungen" abbilden, die nicht zu erreichen sind,
- von allen Fachkräften getragen werden,
- einen Fortschritt zum jetzigen Qualitätsstand bedeuten.

Nachdem die Ziele vom Team festgelegt worden sind, müssen sie mit der Zielvereinbarung schriftlich fixiert und von allen mitgetragen werden. Diese Aufgabe übernimmt am besten die Moderation. Sie wird die Zielvereinbarungen in den nächsten Tagen fertigstellen und allen Kolleginnen und Kollegen zur Unterschrift vorlegen. Sollte die Moderation sich bei der Formulierung des Ziels nicht sicher sein, bespricht sie das Ganze noch einmal mit einer ausgewählten Kollegin bzw. einem Kollegen und sie halten das Ziel dann gemeinsam schriftlich fest.

Das Team hat sich nun auf ein Ziel verständigt. Daran knüpft sich die nächste Aufgabe, nämlich zu überlegen, was das Team tun muss, um sicherzustellen, dass das Ziel bzw. die Ziele erreicht werden können. Damit ist noch nicht die konkrete Maßnahmeplanung gemeint, sondern es geht um die begleitenden Aufgaben, wie Eltern um Unterstützung zu bitten, Gelder vom Träger für neue Materialien zu erhalten etc.

Daneben gibt es auch kleinere, stark inhaltlich ausgerichtete Entwicklungen, bei denen keine zusätzlichen Aufgaben anfallen. In diesem Fall besteht die einzige Aufgabe bei diesem Schritt in der Formulierung der Ziele.

3. Dauer
Für die Festlegung des Ziels bzw. der Ziele und der dazugehörigen Aufgaben benötigen Teams normalerweise nicht mehr als eine Teambesprechung. Mit zusätzlicher Arbeit muss nur für die Formulierung der Ziele durch die Moderation gerechnet werden.

M**2.2**

DOKUMENTATION VON ZIELEN UND AUFGABEN

Thema der Qualitätsentwicklung:	

Formulierung des Ziels und der Aufgaben, die erledigt werden müssen, um dieses Ziel zu erreichen:

Ziel:	

Aufgaben		Aufgabenbeschreibung	Verantwortlich	Erfüllt?
	1.			❏
	2.			❏
	3.			❏
	4.			❏
	5.			❏

ARBEITSMATERIAL 09

Beispiel!

Schritt 9: Maßnahmeplan entwickeln

1. Zielperspektive

Das Team entwickelt einzelne Maßnahmen, die in der Tageseinrichtung umgesetzt werden sollen.

2. Inhalte

In diesem Schritt entwickelt das Team konkrete Maßnahmen zur Umsetzung. Im Mittelpunkt der Arbeit in dieser Phase steht die Frage: Was können wir als Fachkräfte verändern, damit die Qualität unserer pädagogischen Arbeit gesteigert wird? Was können wir verändern, damit die Kinder bestmöglich gefördert werden?

Für die Entwicklung geeigneter Maßnahmen stehen den Teams eine Vielzahl von Verfahren und Inhalten zur Verfügung.

> Dazu ein Beispiel: Ein Team hat sich das Ziel gesetzt, ein Konzept zur Sprachbegleitung zu entwickeln. In einer Teamsitzung, in der darüber diskutiert wird, welche Elemente in ein Sprachbegleitungskonzept gehören, entsteht eine lange Liste mit Ideen:
>
> ■ Wir müssen im Alltag mehr mit den Kindern reden.
> ■ Wir sollten die Kommunikation unter den Kindern anregen.
> ■ Wir müssen darauf achten, dass unsere Kinder mit anderen Herkunftssprachen einen größeren Wortschatz bekommen.
> ■ Wir müssen viel mehr Bilderbücher vorlesen.
> ■ Wir müssen mehr singen.
> ■ Wir müssen Geschichten und Gedichte in den Alltag einführen.
> ■ Ich bräuchte unbedingt mal eine Fortbildung zum Thema Sprachentwicklung.
> ■ Wir sollten die Kinder viel öfter mal erzählen lassen.
> ■ Wir brauchen unbedingt mehr Materialien, die die Kinder anregen, selbst zu sprechen.
> ■ Wir sollten uns viel mehr mit den Kindern über deren Ideen und Gefühle unterhalten.
> ■ Wir sollten unbedingt mehr Sprachförderangebote im Alltag einbauen.
> ■ Ich fände eine Sprachfördergruppe gut.
> ■ Dann sollten wir auch eine Gruppe für diejenigen bilden, die sehr gut in ihrer Sprachentwicklung vorangeschritten sind.
> ■ Also, ich würde gerne mal die Eltern der Kinder einladen, die zuhause kein Deutsch sprechen. Sie sollen mal ein bisschen von ihrem Leben erzählen.

Und die Liste ist bestimmt noch nicht ausgeschöpft. Das Team muss nun die Ideen-Sammlung diskutieren und entscheiden, welche dieser Aspekte in das Konzept eingehen sollen und welche nicht. Es kann sich also dazu entscheiden, den Wunsch einer Kollegin nach Fortbildung als festen Bestandteil in ein Konzept zu schreiben und sich somit zu einer kontinuierlichen Fortbildung in diesem Themenbereich zu verpflichten. Das Team könnte den Wunsch nach Fortbildung aber auch als allgemeine Aufgabe in Schritt 8 verstehen und die Fortbildung als Voraussetzung für die weitere Qualitätsentwicklung festlegen.

Nachdem ein Team entschieden hat, welche Elemente in das Konzept gehören, müssen diese nun ausgestaltet werden, sodass die Fachkräfte eine Idee bekommen, wie sie diese Aspekte im Alltag umsetzen können. Dabei ist wichtig darauf zu achten, dass die Elemente nach und nach in der Praxis erprobt werden (Schritt 10) und nicht versucht wird, alles auf einmal umzusetzen.

> Hier ein weiteres Beispiel für Qualitätsentwicklung in kleinerem Umfang: Die Eltern einer Einrichtung haben ihren Unmut darüber geäußert, dass die morgendliche Begrüßung sehr unpersönlich abläuft. Die Fachkräfte beschäftigen sich laut Eltern mit vielen Dingen, aber nicht damit, die Kinder persönlich zu begrüßen. Das Team hat sich nun, nachdem es die Eltern dazu noch einmal befragt hat, entschlossen, die Situation zu verändern. Dazu führte es eine intensive Diskussion über Fragen wie:

Maßnahmen

- Wie kann ich vermitteln, dass wir uns bei der Begrüßung mit den Kindern beschäftigen und die Eltern mit ihren Wünschen erst einmal warten müssen?
- Wie lange soll ich mich mit einem Kind beschäftigen.
- Wie sieht eigentlich eine persönliche Begrüßung aus?
- Was mache ich mit Kindern, die sich nicht mit mir unterhalten möchten?
- Wie begrüße ich unsere Kleinsten?
- Reicht nicht ein „Hallo"? Und warum eigentlich nicht?
- Sollen die Kinder etwas von zuhause erzählen? Soll ich da nachfragen?

In diesem Beispiel hat das Team keine Ideen entwickelt, sondern sich erst einmal eine Reihe von Frage gestellt, die es nun zu beantworten gilt. Danach muss das Team auch hier entsprechende Maßnahmen planen, die dann erprobt werden.

Als wichtige Grundregeln für die Erarbeitung von Maßnahmen gelten:

- Maßnahmen müssen für alle klar und verständlich sein.
- Maßnahmen müssen zum Erreichen des Ziels führen.
- Maßnahmen dürfen nicht die ungefragte Mitarbeit weiterer Personen voraussetzen.
- Maßnahmen müssen überschaubar sein.
- Maßnahmen müssen fachlich angemessen sein.
- Maßnahmen müssen realistisch sein.
- Maßnahmen werden demokratisch verabschiedet. Sie brauchen eine Mehrheit im Team.
- Maßnahmen müssen aufeinander aufbauen.
- Maßnahmen dürfen sich nicht widersprechen.

Wie viele Maßnahmen nötig sind, damit ein vom Team gesetztes Ziel erreicht wird, ist zum einen abhängig vom Ziel und vom anderen davon, wie intensiv das Team sich mit dem Thema beschäftigt. Entscheidend für das Gelingen von Maßnahmen ist letztendlich, dass ein Team seine Möglichkeiten vorab ausgelotet hat (siehe Orientierungsphase, Seite 23) und ausreichend Zeit für eine kreative Planung besitzt.

3. Dauer

Diese Phase kann unterschiedlich lange dauern. In erster Linie ist das abhängig von der Anzahl der geplanten Maßnahmen und vom Zuschnitt des Projektes. Für das vorher beschriebene Sprachbegleitungskonzept müssen sicherlich einige Teamsitzungen zur Maßnahmeplanung angesetzt werden, für die Veränderung der Begrüßungssituation vielleicht ein oder zwei Sitzungen.

Thema der Qualitätsentwicklung:	

Bitte führen Sie die geplanten Maßnahmen auf:

1.	Maßnahme	
	Verantwortlich	
	Vorarbeiten/Klärung	
2.	Maßnahme	
	Verantwortlich	
	Vorarbeiten/Klärung	
3.	Maßnahme	
	Verantwortlich	
	Vorarbeiten/Klärung	
4.	Maßnahme	
	Verantwortlich	
	Vorarbeiten/Klärung	
5.	Maßnahme	
	Verantwortlich	
	Vorarbeiten/Klärung	

M**2.2**

Schritt 10: Maßnahmen in der Praxis erproben

1. Zielperspektive

Das Team erprobt die geplanten Maßnahmen in der Praxis auf Angemessenheit, Umsetzbarkeit und Praktikabilität.

2. Inhalte

Der letzte Schritt in der Entwicklungsphase ist die Erprobung der entwickelten Maßnahmen. Dabei geht es darum, die Maßnahme unter den drei folgenden Aspekten zu prüfen:

Angemessenheit: Hier wird geprüft, inwieweit die geplanten Maßnahmen passgenau für die Kinder sind. Hat das Team das Fähigkeitsniveau der Kinder getroffen? Werden die Angebote von den Kindern wahrgenommen? Passen die Angebote in das Interessengebiet der Kinder?

Umsetzbarkeit: Der Aspekt Umsetzbarkeit zielt vor allem auf die Kompetenzen der Fachkräfte. Dabei steht die Frage im Mittelpunkt, ob die Anforderungen an die Fachkräfte realistisch sind oder ob sie sich damit überfordert und überlastet fühlen.

Praktikabilität: Es wird geprüft, ob die geplanten Maßnahmen sich im Alltag umsetzen lassen. Dabei steht vor allem die Frage im Mittelpunkt, ob die Maßnahmen von den Fachkräften umzusetzen sind, ohne dass dabei eine übermäßige Anstrengung bei der Organisation des Tagesablaufes entsteht. Praktikabilität meint hier die unproblematische Integration ins Alltagsgeschehen.

Wenn eines dieser drei Prüfkriterien negativ beantwortet wird, muss das Team in der Entwicklung einen Schritt zurückgehen und den vorhergehenden Schritt 9 wiederholen. Dabei ist es ausreichend, die kritischen Stellen noch einmal zu diskutieren und die Maßnahmen entsprechend der Erfahrungen aus dem Praxis-Check anzugleichen.

Der Praxis-Check beinhaltet folgende Planungsaspekte:

- Alle Fachkräfte müssen alle Maßnahmen erproben.
- Maßnahmen müssen nacheinander erprobt werden, damit für die Kinder nicht zu viel Veränderung auf einmal geschieht.
- Maßnahmen müssen nacheinander erprobt werden, damit Fachkräfte jede einzelne Maßnahme prüfen können.
- Maßnahmen müssen sich logisch aufeinander beziehen. Die Reihenfolge der Erprobung ist wichtig.
- Maßnahmen müssen öfter angewendet werden, damit sich ein stimmiges Bild entwickeln kann.
- Während der Erprobung tauschen sich die Fachkräfte in kurzen Gesprächen über ihre Erfahrungen aus.

Nach der Erprobung und einer möglicherweise notwendigen Überarbeitung ist die Entwicklungsphase abgeschlossen und das Team kann nun zur Reflexionsphase übergehen.

3. Dauer

Ähnlich wie in Schritt 9 ist die Bearbeitungsdauer abhängig vom Umfang des Maßnahmekatalogs. Da dieser Schritt aber überwiegend im Alltag einer Tageseinrichtung stattfindet, sind Teambesprechungen zu diesem Thema nur dann notwendig, wenn es Überarbeitungs- und Anpassungsbedarf gibt. Teams müssen aber darauf achten, dass der Praxis-Check nicht zu lange dauert, sondern in einem angemessenen zeitlichen Rahmen durchgeführt wird, da er ansonsten Gefahr läuft, sich zu verlieren.

43

Thema der Qualitätsentwicklung:	

Überprüfung der Angemessenheit, Umsetzbarkeit und Praktikabilität.
Benennen Sie bitte hier die Maßnahme und überprüfen Sie dann jeweils die drei Kriterien:

	Kriterium wird erfüllt	Wenn nicht, was ist der Grund?	Welche Überarbeitung bzw. Anpassung wäre notwendig?
Angemessenheit	❑		
Umsetzbarkeit	❑		
Praktikabilität	❑		

2.3 Reflexionsphase

Nun geht es darum, die Prozesse zu reflektieren und die Ergebnisse zu sichern. Das in der Entwicklungsphase Erreichte, die Veränderung des pädagogischen Handelns, muss nun noch schriftlich fixiert werden. Damit wird das Erarbeitete zu einem verlässlichen Standard für die Einrichtung und ist sowohl nach innen als auch nach außen kommunizierbar. Für neue Mitarbeiterinnen und Mitarbeiter, Eltern und Trägervertreter sowie nicht zuletzt auch für die Öffentlichkeit ist dieser Aspekt der pädagogischen Arbeit dann bekannt. Die schriftliche Fixierung schafft für alle Sicherheit. Die Güte der pädagogischen Arbeit wird somit nicht nur messbarer, sie wird vor allem transparenter und auch nachvollziehbarer für andere Personen. Eltern können sich auf bestimmte Arbeitsweisen, Inhalte und Methoden verlassen und wissen ihre Kinder somit in guten Händen. Träger teilen mit ihren Mitarbeiterinnen und Mitarbeitern die Verantwortung für bestes Fachwissen, um Bildung und Betreuung sicherzustellen und dieser Anforderung in einem kontinuierlichen und systematischen Prozess zu begegnen.

Parallel dazu sollten die Fachkräfte damit beginnen, das neu entwickelte pädagogische Handeln bzw. das neue pädagogische Konzept umzusetzen und somit zum pädagogischen Alltag werden zu lassen. Sie überführen nun schrittweise die neuen Kompetenzen in ihr alltägliches Handlungsrepertoire und stellen somit die Qualität der pädagogischen Arbeit sicher und tragen zu einer Optimierung bei.

Nachdem die neuen oder erweiterten Handlungskompetenzen in die Praxis eingeführt worden und Bestandteil der alltäglichen Arbeit geworden sind, schließt sich eine Phase der Reflexion der Prozesse an. Hier acht Fragestellungen zur Reflexion:

- Wie kann das Team in einem zukünftigen Prozess seine Arbeitsweisen noch effektiver und effizienter gestalten?
- Wie können Stärken der Kolleginnen und Kollegen optimal genutzt werden?
- Wie könnte die Unterstützung durch weitere Personen für zukünftige Arbeitsprozesse systematisch genutzt werden?
- Welche Erfahrungen sind auf andere Arbeitsfelder übertragbar?
- Welche Auswirkungen hatte die Qualitätsentwicklung auf das Arbeitsklima?
- Was würde das Team in Zukunft anders machen?
- Womit sind die einzelnen Fachkräfte zufrieden bzw. unzufrieden?
- Welche zusätzlichen Kompetenzen hat die einzelne Fachkraft hinzugewonnen?

Die Reflexion findet im Gesamtteam statt. In einigen Fällen ist es hilfreich, Trägervertreter oder Fachberatung zur abschließenden Reflexionsrunde einzuladen.

Am Ende des gesamten Prozesses werden die Ergebnisse in Form eines oder mehrerer Standards gesichert, die die Arbeitsweise der Einrichtung hinsichtlich des bearbeiteten Aspektes repräsentieren. Die Entwicklung der Standards ist auf Einrichtungsebene ebenso wie auf Trägerebene langfristig unumgänglich, da diese bei Außendarstellung und Selbstvergewisserung die wichtige Funktion einer transparenten Kommunikation übernehmen.

Reflexionstag

Schritt 11: Reflexion des Entwicklungs-
prozesses

1. Zielperspektive

Das Team reflektiert den Entwicklungsprozess und identifiziert Stärken und Schwächen im Projektverlauf und in der Planung.

2. Inhalte

Reflexion gehört zum Entwicklungsprozess. Für ein Team ist es wichtig, am Ende des Prozesses über den gesamten Verlauf nachzudenken. Stärken zu benennen, also das aufzuzeigen, was im Prozess positiv verlaufen ist, fällt den meisten Teams nicht schwer. Planungsfehler und Schwächen zu benennen, ist dagegen schon schwieriger. Für diese Aufgabe müssen die Fachkräfte ehrlich miteinander umgehen und einen offenen Arbeitsstil praktizieren. Schwierigkeiten zu benennen und zu analysieren ist aber ebenfalls zentral, damit Teams nicht wieder in gleiche Schwierigkeiten geraten, wenn sie ein neues Projekt beginnen.

Der Verlauf des Projektes wird unter folgenden Fragestellungen reflektiert:

- Wie ist der Entwicklungsprozess verlaufen?
- Lief es wie geplant, oder gab es Probleme, die den Prozess störten oder gar aufhielten?
- Was ist im Prozess besonders gut gelungen? Was weniger gut?
- Gab es Sitzungen und Arbeitsschritte, die ausfallen mussten? Woran lag das?
- Sind die Ziele erreicht worden?
- Sind die individuellen Ziele erreicht worden?
- Ist die pädagogische Konzeption im Ergebnis angemessen? Wo liegen die besonderen Stärken und wo die Schwächen der Konzeption?
- Gab es im Prozess Phasen, in denen die Motivation stieg bzw. sank? Was waren die Gründe?
- Gab es Phasen, in denen die Zufriedenheit mit dem Prozess stieg bzw. sank? Was waren die Gründe?

- Lässt sich ein Zusammenhang zwischen dem Anstieg bzw. dem Abfallen der Motivation und der Zufriedenheit feststellen? Welche Gründe gab es dafür?
- Wie könnten in Zukunft Motivationstäler umgangen und Motivationshöhen besser genutzt werden?

3. Dauer

Für die Reflexion ist eine Teambesprechung ausreichend.

Schritt 12: Sicherung der Ergebnisse
durch Standardbeschreibung

1. Zielperspektive

Das Team entwickelt verlässliche Standards.

2. Inhalte

Am Ende des Entwicklungsprozesses steht die Formulierung eines oder mehrerer Standards, die sowohl für die Fachkräfte als auch die Eltern verlässliche Orientierung bieten. Durch den Standard wird die pädagogische Arbeit der Einrichtung repräsentiert und gibt ihr somit ein „Gesicht", das von außen Wiedererkennungswert besitzt. Eltern gewinnen Sicherheit in Bezug auf die Qualität von Erziehungs- und Bildungsprozessen in der Einrichtung und gegebenenfalls sogar den Träger.

Standards müssen kurz und verständlich formuliert sein, sodass jeder den Inhalt verstehen kann. Das Team entscheidet gemeinsam, wozu ein Standard oder mehrere Standards entwickelt werden sollen. Im Wesentlichen müssen sich die Hauptideen der Maßnahmen und die Ziele in einem solchen Standard wiederfinden. Dabei sollten Standards keine Begründungen oder Erklärungen enthalten, sondern einfach einen Bezugsrahmen herstellen.

Ein Standard für das Beispiel des Sprachbegleitungskonzeptes (siehe S. 40) könnte lauten: „Unserer Sprachbegleitung und -förderung liegt ein von uns entwickeltes Konzept zugrunde, in dem wir der individuellen Sprachentwicklung große Aufmerksamkeit schenken. Sprachbegleitung und -förderung findet bei uns überwiegend im Alltag durch Interaktion und gemeinsame Alltagsgestaltung statt." Ergänzt werden kann dieser Standard um weitere kleinere Standards, die auf bestimmte Inhalte des Konzeptes eingehen, zum Beispiel auf die Förderung der Sprachentwicklung durch Projektarbeit.

Für das zweite Beispiel der Begrüßung (siehe Seite 40) könnte ein Standard lauten: „Wir begrüßen alle Kinder individuell und führen mit den Kindern, die sich interessiert zeigen, ein kurzes Gespräch über den gestrigen Tag und die aktuelle Befindlichkeit."

3. Dauer

Die Entwicklung von Standards nimmt nicht mehr als maximal eine Teamsitzung in Anspruch.

Schritt 13: Weitere Planung

Am Ende des gesamten Prozesses beschließt das Team, mit einem neuen Qualitätsentwicklungsprozess zu beginnen. Zwischen dem gerade abgeschlossenen Projekt und dem neuen sollte eine „Verschnaufpause" eingelegt werden. Dennoch ist es wichtig, an dieser Stelle schon den Beginn und, wenn möglich, auch das Thema des neuen Projektes festzulegen, damit es nicht bei einem Vorsatz bleibt.

M **2.3**

STANDARDENTWICKLUNG

Thema der
Qualitätsentwicklung:

Standard der Einrichtung im Themenbereich: _____

Benennen Sie bitte hier zunächst die Maßnahme, auf die sich der Standard bezieht:

Benennen Sie nun hier den Standard:

ARBEITSMATERIAL 12

47

3 Verfahren zur Datenerhebung und Informationsbeschaffung

In diesem Kapitel werden vier verschiedene Verfahren zur Datenerhebung und Informationsbeschaffung vorgestellt, wie sie in Schritt 5 des dynamischen Entwicklungsmodells (siehe Seite 30 ff.) angekündigt wurden. Die Verfahren beziehen in erster Linie die beteiligten Personengruppen ein und eröffnen damit für ein Team die Möglichkeit, eine Fragestellung mehrdimensional zu betrachten und die Entwicklungsarbeit optimal durchzuführen. Kollegiale Beratung und Beobachtung, Feedback, Elternbefragung und Peer-Evaluation werden ausführlich beschrieben.

Welches dieser Verfahren passend ist, muss ein Team in der Orientierungsphase (siehe Seite 23 ff.) entscheiden. Mit Abstand das aufwendigste, aber auch ein sehr effektives Verfahren stellt die Peer-Evaluation dar. Dieses Verfahren hebt sich noch einmal deutlich von den anderen drei Verfahren ab, da es einen eigenen Kreislauf der Planung und Durchführung mit sich bringt.

3.1 Kollegiale Beratung und Beobachtung

Die Kollegiale Beratung

In der Kollegialen Beratung unterstützen sich Fachkräfte gegenseitig bei Fragestellungen zur pädagogischen Arbeit und im Rahmen der Qualitätsentwicklung. Sie besprechen regelmäßig in einer strukturierten Weise konkrete Fälle aus ihrem alltäglichen Arbeitsbereich. Impulse zur Veränderung bzw. Entwicklung kommen aus dem Team, ohne dass ein professioneller Berater hinzugezogen wird.

Mehrere Grundgedanken prägen die Idee der Kollegialen Beratung:

Vorhandene Kompetenzen einsetzen
Pädagogische Fachkräfte, die ähnliche berufliche Aufgaben wahrnehmen oder aus ähnlichen Arbeitsbereichen kommen, besitzen fachliche und didaktische Kompetenzen, die bei der Lösung von pädagogischen Fragestellungen genutzt werden können.

Kollegiale Beratung ist eine Form der Prozessberatung, da hier über konkrete Fälle und Situationen auf gleicher Augenhöhe verhandelt und sich ausgetauscht wird. Im Gegensatz zu einer Fachberatung von außen, werden Impulse nur durch die Fachkräfte des Teams gegeben, die in diesen Beratungsprozess ihr Wissen und ihre Erfahrung einbringen. In dieser Form der Beratung werden zwei miteinander in Beziehung stehende Effekte verbunden: Zum einen gibt es da die Fachkraft, die die Hilfe einer anderen Fachkraft oder eines Teams benötigt. Zum anderen gibt es diejenigen, die Hilfe anbieten können. Die Kollegiale Beratung profitiert von dem Wissen und der Erfahrung, die in einem Team bereits vorhanden sind. Die Fachkräfte kennen die jeweilige Tageseinrichtung besser als alle externen Referenten. Sie sind mit den Rahmenbedingungen, den Abläufen, den konzeptuellen Ideen, dem Team, den pädagogischen Prozessen und nicht zuletzt auch mit den organisatorischen Rahmenbedingungen vertraut. Die Fachkräfte sind somit sehr gut in der Lage, Probleme aus ihrer Arbeitsumgebung einzuschätzen.

Veränderung an der konkreten Situation

Pädagogische Entwicklungen und Veränderungen, die durch eine Qualitätsentwicklung initiiert werden sollen, lassen sich am besten an konkreten Beispielen aus der Praxis bewirken. Darin besteht ein deutlicher Unterschied zur klassischen Fortbildung, die oftmals nur allgemeine Fertigkeiten vermittelt, wie zum Beispiel Beobachtungsmethoden, Dokumentationsverfahren, pädagogische Planung oder Projektarbeit. Auch wenn in diesen Fortbildungen oft ein hoher Praxisanteil vorkommt, so heißt das in der Regel nicht, dass über praxisrelevante Situationen und Fälle der Teilnehmenden gesprochen wird, sondern eher vorbereitete Situationen geübt werden.

Eine der besten Vorrausetzungen für Lernprozesse – auch im Rahmen der Qualitätsentwicklung – ist die eigene Betroffenheit. Je höher die eigene Betroffenheit in einer Situation ist, desto mehr behalten Menschen von dem, was sie dazu gehört haben. Für die Qualitätsentwicklung bedeutet das: Je wichtiger mir ein Thema ist und je relevanter die Diskussionen für meinen Alltag sind, desto mehr kann ich aus der Entwicklung für meinen Alltag mitnehmen. Team-Mitglieder, die ähnliche Fragen und Probleme kennen und in ähnlichen Settings arbeiten, sind mit ihrer Beratung dann auch näher an den Kolleginnen und Kollegen, die Rat suchen.

Die besprochenen Situationen und Fälle in der Kollegialen Beratung sind „Echtsituationen", d. h. die Kollegin und der Kollege, die das Problem in das Team tragen, beschäftigen sich auch mit diesem Thema in ihrer alltäglichen Praxis. Für die Qualitätsentwicklung bedeutet dies, dass eine oder mehrere Fachkräfte zu einem Thema, das für die Qualitätsentwicklung ausgewählt wurde (Schritt 4, siehe Seite 30), Situationen und Fälle beitragen können, die für die Weiterentwicklung eine zentrale Bedeutung haben. Das Team berät dann die Kollegin und den Kollegen, die sozusagen stellvertretend für das ganze Team als die „zu Beratenden" fungieren. Anders als in der kollegialen Einzelberatung lernt hier das ganze Team für den weiteren Entwicklungsprozess.

Die Rollen in der Kollegialen Beratung

Auch bei der kollegialen Beratung bedarf es einer **Moderation** oder Gesprächsführung. Deshalb muss eine Fachkraft aus dem Team die Rolle der Moderatorin übernehmen. Sie ist dafür verantwortlich, dass der Prozess systematisch und zielführend durchgeführt wird. Die Moderation gibt die Struktur vor, beteiligt sich dabei aber nicht inhaltlich an der Diskussion. Während der Beratung hat sie auch die Aufgabe darauf zu achten, dass die zeitlichen Vorgaben eingehalten werden und niemand die verabredeten Regeln bricht.

Die Fachkraft, die die Situation bzw. den Fall eingebracht hat, ist diejenige, die beraten wird, und auch nur sie wird beraten **(Fallgeberin).** Erst wenn diese Beratung abgeschlossen ist, können andere Kolleginnen und Kollegen beraten werden.

M**3.1**

49

Des Weiteren bedarf es einer **Protokollantin.** Sie ist diejenige, die den Fall in Stichworten und die wichtigsten Beratungstipps notiert, sodass diese für den weiteren Qualitätsentwicklungsprozess genutzt werden können. Auch sie beteiligt sich nicht aktiv durch Beiträge an der Beratung. Die restlichen Teammitglieder sind die **Beraterinnen oder Berater,** deren einzige Aufgabe darin besteht, die Fallgeberin zu unterstützen.

Diese klaren Rollenverteilungen sind nötig, da Beratungs- und Qualitätsentwicklungsprozesse komplexe Sachverhalte darstellen, die die ganze Konzentration der Kolleginnen und Kollegen benötigen, damit sie erfolgreich durchgeführt werden können. Jeder in diesem Prozess hat eine komplexe Aufgabe und soll sich ausschließlich darauf konzentrieren können.

Phasen der Kollegialen Beratung

Es gibt verschiedene Modelle – gemeinsam ist allen, dass sie die Kollegiale Beratung in verschiedene Phasen einteilen. Eine klare Strukturierung der Kollegialen Beratung ist notwendig, da sich sonst verschiedene Ebenen (z. B. Fallschilderung, Problemlösung) vermengen und die Diskussionen zu viel Zeit in Anspruch nehmen könnten. Nachfolgend ist ein typischer Ablauf einer Kollegialen Beratung aufgezeigt. Die Beiträge werden in Stichworten von der Protokollantin festgehalten (vgl. Arbeitsmaterial 13 – Kollegiale Beratung, Seite 52 ff.)

Phase 1 – Schilderung des Falls

- Kurze Schilderung der Situation bzw. des Falls durch die Fallgeberin (= Zuberatende).
- Die Situation bzw. der Fall wird offen geschildert, sodass die Beraterinnen und Berater darauf reagieren können.
- Die Fallgeberin formuliert keine Lösungsansätze und Ideen.
- Dauer = circa 5 bis maximal 10 Minuten.

Phase 2 – Erstes Feedback und Verständnisfragen

- Die Beraterinnen und Berater spiegeln der Fallgeberin ihre ersten Eindrücke zurück.
- Dabei achten sie darauf, dass sie noch keine Analysen durchführen. Zunächst geht es erst einmal nur um erste spontane Assoziationen.
- Die Beraterinnen und Berater können sich bei ihren Anmerkungen aufeinander beziehen.
- Zu diesem Schritt gehören auch Verständnisfragen, die von der Fallgeberin beantwortet werden.
- Die Fallgeberin hört zunächst nur zu.
- Dauer = circa 5 Minuten.

Phase 3 – Erstes Feedback durch Fallgeberin

- Die Fallgeberin gibt ein kurzes Feedback zu den ersten Assoziationen der Beraterinnen und Berater.
- Die Fallgeberin versucht nicht zu erklären und zu entschuldigen.
- Wenn die Beraterinnen und Berater etwas missverstanden haben, korrigiert die Fallgeberin den Sachverhalt.
- Die Beraterinnen und Berater hören in dieser Phase nur zu.
- Dauer = maximal 5 Minuten.

Phase 4 – Zusätzliche Informationsfragen

- Die Beraterinnen und Berater können die Fallgeberin nun noch zu weiteren Details befragen.
- Die Fallgeberin beantwortet diese Fragen, soweit dies möglich ist.
- In dieser Phase werden noch keine Hypothesen formuliert oder Analysen durchgeführt.
- Dauer = circa 5 bis maximal 10 Minuten.

Phase 5 – Hypothesenbildung und Analyse

- Die Beraterinnen und Berater analysieren die Informationen und interpretieren sie aus ihrer Sicht.
- Ihre Hauptaufmerksamkeit gilt dem Verhalten der Fallgeberin und der Art, wie sie sich zur Situation bzw. zum Fall in Beziehung setzt.
- Die Beraterinnen und Berater versuchen, sich in die Perspektive der Fallgeberin, aber auch

der Kinder (möglicherweise auch der Eltern) zu versetzen, um deren Sicht der Dinge zu berücksichtigen.

- Die Fallgeberin hört nur zu. Sie bezieht noch keine Stellung zu den Analysen.
- Dauer = circa 10 bis maximal 15 Minuten.

Phase 6 – Zwischenfazit durch die Fallgeberin

- Die Fallgeberin gibt den Beraterinnen un Beratern eine Rückmeldung.
- Sie wird dabei die Hinweise nicht kommentieren und sich auch nicht rechtfertigen.
- Die Fallgeberin zeigt auf, was sie von den Analysen und Hypothesen anspricht und was weniger.
- Falls nötig, kann sie Interpretationen, die auf einem sachlich inkorrekten Tatbestand oder einem Missverständnis basieren, korrigieren.
- Die Beraterinnen und Berater hören in dieser Phase nur zu.
- Dauer = circa 2 bis maximal 5 Minuten.

Phase 7 – Formulierung von Handlungsvorschlägen

- Die Beraterinnen und Berater zeigen Lösungen auf, bringen Iden ein oder schlagen alternative Handlungen vor.
- Sie versuchen nicht die Fallgeberin zu überzeugen, sondern nur Möglichkeiten aufzuzeigen.
- Ziel ist es, eine Bandbreite unterschiedlicher Lösungsmöglichkeiten zu erarbeiten.
- Die Fallgeberin hört nur zu.
- Dauer = circa 10 bis maximal 15 Minuten.

Phase 8 – Abschlussberatung durch die Fallgeberin

- Die Fallgeberin gibt Rückmeldung, wie es ihr während der Beratung ergangen ist.
- Sie zeigt auf, welche Ideen, Analysen und Lösungsvorschläge hilfreich sind.
- Dauer = circa 2 bis maximal 5 Minuten.

Während einer Teamsitzung lassen sich zwei bis drei Kollegiale Beratungen durchführen. Wichtig ist, dass die einzelnen Beratungen nicht zu kurz sind, indem zum Beispiel einzelne Phasen ausgelassen werden. Auch dürfen sie nicht zu lang werden, wenn etwa die vorgegebenen Zeitfenster ignoriert werden.

Wenn die Kollegiale Beratung im Rahmen einer Qualitätsentwicklung gelingt, werden praktikable Lösungen für vorhandene Entwicklungsfelder gefunden. Das hauptsächliche Potenzial der Kollegialen Beratung liegt in der Flexibilisierung der Methode und der Fokussierung auf tatsächlich vorhandene Fragestellungen im Alltag.

Fachkräfte bekommen darüber hinaus auch einen Einblick, wie die anderen Kolleginnen und Kollegen der Einrichtung arbeiten, mit welchen Fragen und Problemstellungen sie beschäftigt sind und erfahren die Team-Mitglieder als Berater und Unterstützer. Die Ergebnisse der Beratung müssen aber von der Gruppe für den weiteren Prozess genutzt werden können, und die Beraterinnen und Berater sind in ihrer Funktion auch alle Lernende.

M**3.1**

Thema der
Qualitätsentwicklung:

Protokoll der Kollegialen Beratung vom: _____

Fallgeberin

Moderation

Protokollantin

Beraterinnen und Berater

Phase 1: Schilderung des Falls – Worum geht es und was ist die Frage an das Team?

-
-
-
-
-
-
-
-
-
-

Phase 2: Erstes Feedback und Verständnisfragen – Welche Assoziationen löst die Schilderung bei den Beraterinnen und Beratern aus?

-
-
-
-
-
-
-
-
-
-

KOLLEGIALE BERATUNG

Phase 3: Erstes Feedback durch Fallgeberin – Was hat die Fallgeberin angesprochen?

-
-
-
-
-
-
-
-
-

Phase 4: Zusätzliche Informationsfragen – Was wollen die Beraterinnen und Berater noch wissen?

-
-
-
-
-
-
-
-
-
-

Phase 5: Hypothesenbildung und Analyse – Worum geht es nach Meinung der Beraterinnen und Berater?

-
-
-
-
-
-
-
-
-

M**3.1**

ARBEITSMATERIAL 13

Phase 6: Zwischenreview durch die Fallgeberin – Welche Hypothesen und Analysen sagen der Fallgeberin zu?

-
-
-
-
-
-
-
-
-
-

Phase 7: Formulierung von Handlungsvorschlägen – Welchen Rat geben die Beraterinnen und Berater der Fallgeberin?

-
-
-
-
-
-
-
-
-

Phase 8: Abschlussberatung durch die Fallgeberin – Wie schätzt die Fallgeberin die Kollegiale Beratung ein?

-
-
-
-
-
-
-
-
-
-

Die Kollegiale Beobachtung

Die Kollegiale Beobachtung gehört ebenfalls zu den beiden kollegialen Verfahren, die für die Qualitätsentwicklung wichtige Impulse geben können. Durch gegenseitige Kollegiale Beobachtungen überprüfen und reflektieren Fachkräfte spezifische Aspekte ihres professionellen pädagogischen Handelns.

Die Kollegiale Beobachtung ist nicht nur eine erfolgreiche Methode, da auf diese Weise die pädagogische Arbeit nachhaltig verändert werden kann, sondern sie stärkt auch Teamstrukturen und intensiviert den professionellen Austausch zwischen den Fachkräften. Letztendlich kann sie bewirken, dass sich die Arbeitskultur eines Teams nachhaltig positiv verändert. Die Kolleginnen und Kollegen werden mehr und mehr auch als Mitstreiter für die eigene Sache und als kompetente Berater in Fragen der Pädagogik verstanden.

Rollenverteilung

Die Beobachterinnen und Beobachter haben die Rolle der „critical friends": Sie sollen durch ihre Rückmeldungen positive Entwicklungsimpulse geben und nicht die Funktion der Kontrolle übernehmen. Rückmeldungen nach einer Beobachtung sind zugewandt, freundlich, wertschätzend und geben Impulse. Sie unterstützen die professionelle Weiterentwicklung der Fachkräfte und ganzer Teams.

Die beobachtete Fachkraft verhält sich während der Beobachtung so, wie sie es auch im normalen Alltag – ohne die Kollegin oder den Kollegen im Raum zu wissen – gewohnt ist. Die ganze Situation soll so normal und alltäglich wie nur eben möglich sein, damit die beobachtenden Kolleginnen und Kollegen einen realen Eindruck von der Situation bekommen.

Wertvolle Rückmeldungen

Durch die Praxisnähe und die gleichen Rahmen- und Arbeitsbedingungen sind Rückmeldungen von Kollegialen Beobachtungen meist sehr hilfreich, da sie durch einen hohen Grad an Verwendbarkeit gekennzeichnet sind.

Durch die Kollegiale Beobachtung bieten sich auch vielfältige Lernmöglichkeiten für die beobachtende wie auch für die beobachtete Fachkraft. Pädagogische Fachkräfte können ihr fachliches und didaktisches Wissen sowie ihre Erfahrungen im Kontext einer realen Situation einbringen. Kollegiale Beobachtungen schaffen somit Anlass zur Reflexion und geben Ansporn zu Austausch und Weiterentwicklung.

Ziele

Mit der Kollegialen Beobachtung sind zwei Arten von Zielen verbunden. Zum einen gibt es Ziele, die sich auf die individuelle Entwicklung der Fachkräfte beziehen, und zum anderen Ziele, die auf die Team- bzw. Organisationsentwicklung, wozu auch die Qualitätsentwicklung gehört, ausgerichtet sind.

Ziele zur Förderung der individuellen Entwicklung sind zum Beispiel:

- Rückmeldungen über die individuelle pädagogische Arbeit
- Entwicklung reflexiver und analytischer Fähigkeiten
- Schulung von Beobachtungsmethodik
- Gespräche führen mit Kolleginnen und Kollegen – aktives Zuhören, Ich-Botschaften senden.

Ziele zur Entwicklung des Teams oder der Organisation sind zum Beispiel:

- Anregung für Veränderungsprozesse im Rahmen der Qualitätsentwicklung
- Verbesserung der Teamkultur.

M**3.1**

55

Voraussetzungen

Die Kollegiale Beobachtung setzt voraus, dass die Fachkräfte einer Einrichtung diese Methode auch befürworten. Die besten Voraussetzungen sind gegeben, wenn das gesamte Team sich bereit erklärt hat, diese Methode durchzuführen. Gibt es zu viele Bedenken im Team, ist es ratsam, von dieser Methode Abstand zu nehmen bzw. später zu versuchen, eine Mehrheit dafür zu gewinnen. Eine mögliche Variante, die ein Team bei vorherrschender Skepsis wählen könnte, besteht darin, dass zwei Fachkräfte eine Kollegiale Beobachtung planen und durchführen. Im Anschluss daran berichten sie dem Team von ihren Erfahrungen und können dann vielleicht einige Kolleginnen und Kollegen überzeugen. Die Kollegiale Beobachtung setzt bei allen Beteiligten die Bereitschaft und Offenheit voraus, sich gegenseitig im pädagogischen Alltag zu beobachten, um Rückmeldungen über die pädagogische Arbeit geben zu können.

Im Rahmen der Qualitätsentwicklung wird in Schritt 4 des dynamischen Entwicklungsmodells (vgl. Seite 30) das Thema für die Qualitätsentwicklung festgelegt. Der Schwerpunkt der Kollegialen Beobachtungen liegt dann naturgemäß ebenfalls in diesem ausgewählten Bereich.

Durchführung der Kollegialen Beobachtung

Als Einstieg in die Kollegiale Beobachtung bieten sich Tandems an, die sich freiwillig zusammenfinden. Damit kann sichergestellt werden, dass mögliche andere persönliche Prozesse die Beobachtung nicht überlappen. Diese Form des Kollegialen Feedbacks lässt sich zunächst am problemlosesten umsetzen, wenn das Tandem relative Planungsfreiheit in Bezug auf zeitliche Planung und die Gestaltung des Rückmeldegesprächs besitzt.

Für eine gelingende Durchführung treffen die Teams Absprachen zu folgenden Aspekten:

- Das Team legt Regeln für die Durchführung fest, die allen bekannt sind und von allen akzeptiert werden.

- Das Wissen, das aus der Kollegialen Beobachtung gewonnen wird, bleibt innerhalb des Tandems und wird nicht ins Team oder an andere Personen getragen. Zwei Ausnahmen gelten hier:
  - Die Beobachtete möchte etwas von ihrer Praxis erzählen.
  - Die Ergebnisse auf dem gemeinsam ausgefüllten Rückmeldebogen für das Team.

- Das Team wählt einen Themenbereich für die Qualitätsentwicklung aus, zum Beispiel Sprachbegleitung oder Bewegungsförderung.

- Das Team legt Kriterien für die Beobachtung fest. Hierbei handelt es sich um inhaltliche oder prozessuale Aspekte:
  - Inhaltliche Kriterien sind zum Beisiel die Frage nach der Angemessenheit der Frühstücksituation oder die Altersangemessenheit der Tischspiele.
  - Prozessuale Kriterien beziehen sich zum Beispiel auf die pädagogischen Handlungen der Fachkraft, ihre Kommunikationsbereitschaft, ihr Handeln in Konfliktsituationen.

- Das Team entwickelt an diesen Kriterien entlang einen Rückmeldebogen, der die zentralen Ergebnisse der Kollegialen Beobachtung, die wichtig für den Qualitätsentwicklungsprozess sind, widerspiegelt.

- Das Team legt einen Zeitraum fest, in dem die Kollegialen Beobachtungen und die jeweiligen Rückmeldegespräche durchgeführt werden.

Analyse

Der typische Ablauf der Kollegialen Beobachtung sieht eine Beobachtungsphase und eine Reflexionsphase vor. In der Beobachtungsphase finden die Beobachtung und die Aufzeichnung von Notizen im Beobachtungsbogen oder der Checkliste statt. In die Reflexionsphase fällt das Rückmeldegespräch auf der Grundlage der Beobachtungsnotizen. Erst wenn der eine Durchlauf abgeschlossen ist, tauscht das Tandem die Rollen und der Beobachter wird zum Beobachteten.

Nicht immer werden die Beobachterinnen und Beobachter während der Beobachtungsphase alles notieren können, was ihnen auffällt. Deshalb nehmen sie sich direkt im Anschluss an die Beobachtung etwas Zeit und zeichnen die wichtigen Notizen auf. Dieses Protokoll ist dann die Grundlage für das Rückmeldegespräch. So können wichtige Ergänzungen noch aus der Erinnerung heraus vorgenommen werden.

Im Rückmeldegespräch beschreibt zunächst die Beobachtete, wie sie die Kollegiale Beobachtung wahrgenommen hat und was ihr persönlich zur beobachteten Situation einfällt. Erst danach schildert die Beobachtende ihren Eindruck. Dabei achtet sie darauf, keine Vorwürfe zu machen und auch keine vorschnellen Tipps zu geben. Zunächst einmal wird nur der individuelle Eindruck vermittelt. Die Beobachtende erfragt nun noch einige Informationen, die nicht beobachtbar waren. Erst wenn beide Seiten sich über ihre Eindrücke ausgetauscht haben, beginnen die beiden Kollegen die Situation zu analysieren und Handlungen zu entwickeln. Das Ergebnis der Analyse wird dann in den Rückmeldebogen eingetragen.

Für das Rückmeldegespräch müssen die folgenden Aspekte berücksichtigt werden (vgl. Schratz/Iby/Radnitzky 2000):

- Feedback wird nur in einer angenehmen Atmosphäre gegeben.
- Feedback bedeutet, Impulse zu geben und nicht eine Einordnung in Kategorien wie gut/schlecht oder richtig/falsch.
- Feedback beinhaltet keine Pauschalurteile, Verallgemeinerungen und Typisierungen.
- Im Feedback wird zwischen dem Beobachteten (Deskriptiven) und der Interpretation (Analyse) unterschieden.
- Feedback kann leichter angenommen werden, wenn viele Ich-Botschaften gesendet werden.
- Die Partner benötigen ausreichend Möglichkeiten, um die eigene Sichtweise einzubringen.
- Zuhören ist eine zentrale Funktion im Feedbackgespräch. Guten Zuhörern gelingt es, sich in den Gesprächspartner zu versetzen und seine Situation nachzuempfinden (Empathie).
- Feedbackgespräche werden offen und ehrlich geführt. Dinge werden mit Verweis auf die individuelle Sichtweise beim Namen genannt.
- Im Feedbackgespräch wird sowohl Positives als auch Negatives thematisiert.
- Emotionen sind Bestandteil des Feedbackgespräches und sollten dabei thematisiert werden.

3.2 Evaluation durch Elternbefragung

In der empirischen Schulforschung und der Schulentwicklung ist es mittlerweile Standard, dass Eltern zu verschiedensten Aspekten des schulischen Lebens befragt werden. Die Ergebnisse der Befragungen geben dabei der Schulentwicklungsarbeit wichtige Impulse für Innovationen und die Verbesserungen der schulischen Qualität.

Für den Kindertagesstättenbereich ist diese Form der Eltern-Einbindung nicht nur denkbar, sondern dringend nötig. Kindertageseinrichtungen haben den Auftrag, Kinder gemeinsam mit den Eltern zu betreuen und zu bilden. Sie sind also dazu aufgefordert, mit den Familien gemeinsam zu wirken und nicht ihnen entgegenzuwirken.

Teams, die sich auf den Weg der Qualitätsentwicklung begeben, müssen die Perspektive der Eltern mit einbeziehen. Dadurch werden Partizipationsmöglichkeiten der Mütter und Väter deutlich gestärkt. Eltern haben eine andere Perspektive auf den pädagogischen Prozess in einer Kindertageseinrichtung als Fachkräfte. Sie fokussieren sehr stark auf das Wohlbefinden und die individuelle Entwicklung ihres eigenen Kindes. Die Eltern sind Experten für ihr eigenes Kind. Die Fachkraft hingegen ist Expertin für alle Kinder. Hier wird deutlich, dass die Eltern in der Regel einen individualisierten Blick auf die Tageseinrichtung mitbringen, wohingegen die Fachkräfte eher einen systemischen Blick auf die Arbeit haben.

M**3.2**

57

Ziele

Rückmeldungen von Eltern besitzen somit mehrere Funktionen bzw. Zielebenen:

- Fachkräfte bekommen ein Feedback, wie ihre Arbeit von den Eltern wahrgenommen wird.
- Eltern geben Fachkräften Hinweise, welche Aspekte sie in der zukünftigen Arbeit gerne umgesetzt sehen würden.
- Rückmeldungen sind ein Weg, um mit Eltern in einen kommunikativen Prozess einzusteigen, aber auch um die Beziehung zu den Müttern und Vätern aufzubauen oder zu intensivieren.
- Rückmeldungen sind der Beginn einer gemeinsamen Planung zur Betreuung und Bildung des jeweiligen Kindes (Entwicklungsgespräche).
- Rückmeldungen geben Impulse für Weiterentwicklungen.

Rückmeldethemen

Prinzipiell ist es denkbar, dass Eltern zu den meisten Bereichen der pädagogischen Prozesse Rückmeldungen geben. In jedem Fall befindet sich dahinter eine Wahrnehmung, eine Empfindung oder ein Wunsch der Mütter und Väter. Teams müssen die Ergebnisse von Elternbefragungen balancieren und mit ihren eigenen Vorstellungen abgleichen.

Vorgehen

Für den Qualitätsentwicklungsprozess werden Eltern zum ausgewählten Thema befragt. Dazu bedarf es einer Festlegung der Aspekte, die zur Debatte stehen. Welche Aspekte wichtig sind, entscheidet allein das Team. Es muss dabei allerdings darauf achten, dass sich die Befragung nicht auf Nebensächliches bezieht, sondern an den zentralen Fragestellungen orientiert ist.

Nachdem das Team diese Bereiche festgelegt hat, werden Aussagen entwickelt, zu denen sich die Eltern positionieren können. Dazu dient in der Regel ein geschlossener Fragenkomplex (siehe Seite 60). Bei der Formulierung achtet das Team darauf, dass in einer Aussage nicht mehrere Dimensionen vermengt werden, sondern sich jede Aussage auf einen eindimensionalen Sachverhalt bezieht.

Dazu ein Beispiel: „Ich finde, dass die Kinder ein gesundes Frühstück bekommen sollen und bei Tisch auch nicht reden dürfen." In dieser Aussage sind zwei Dimensionen miteinander verbunden. Es geht zunächst um ein gesundes Frühstück. Dem kann ein Elternteil positiv oder auch abgeneigt gegenüberstehen. Aber die Haltung zu diesem Aspekt steht nicht in Verbindung mit der Frage, ob bei Tisch geredet werden darf oder nicht. Jedoch würde hier bei einer Befragung auf einer Skala von „stimme nicht zu" bis „stimme voll zu" nur eine Entscheidungsoption offen stehen. Einen Mittelwert für beide Dimensionen zu suchen und diesen dann anzukreuzen, ist nicht hilfreich. Für ein Team würden dabei Daten herauskommen, die nicht verwertbar wären. Die optimale Lösung wären hier zwei Aussagen, die unabhängig voneinander beantwortet werden können: Zum einen wäre das die Aussage „Ich finde, dass die Kinder ein gesundes Frühstück bekommen sollten" und zum anderen „Ich finde, dass die Kinder bei Tisch nicht reden dürfen".

Möchte ein Team aber nicht nur mit geschlossenen Fragen arbeiten, bietet es sich an, offene Fragen zu formulieren, die eine differenziertere Antwort der Eltern erfordern. So könnte in diesem Zusammenhang eine Frage lauten: „Welche Wünsche haben Sie mit Blick auf die Gestaltung des Frühstücks?"

Der nachfolgende Evaluationsbogen gibt eine Orientierung, wie eine Elternbefragung aussehen kann und ist nur allgemeiner Natur. Teams sollten diesen Bogen um weitere einrichtungsspezifische Fragestellungen erweitern.

ELTERNBEFRAGUNG

Liebe Eltern,
wie wir Ihnen ja bereits mitgeteilt haben, befinden wir uns in einem Qualitätsentwicklungsprozess zum Themenbereich _____. Es ist für uns wichtig, Ihre Vorstellungen in die Erarbeitung einfließen zu lassen. Deshalb wenden wir uns mit dieser kurzen Befragung an Sie und möchten Sie bitten, unsere Fragen zu beantworten.
Die Bearbeitung dauert circa 15 Minuten. Selbstverständlich wird diese Befragung vollständig anonym durchgeführt. Wenn Sie also die Fragen beantwortet haben, geben Sie bitte den Fragebogen in einem geschlossenen Umschlag einfach bis zum ____.____._____ im Büro ab.
Sollten Sie noch Informationsbedarf haben, sprechen Sie einfach die Leitung an.
Ihr Kita-Team

Hier finden Sie einige Aussagen zur pädagogischen Arbeit der Einrichtung Ihres Kindes im Themenbereich _____.

Bitte geben Sie an, inwieweit die folgenden Aussagen Ihrer Einschätzung entsprechen:	Stimme nicht zu	Stimme eher nicht zu	Stimme eher zu	Stimme zu
Die Gestaltung des Freispiels zu diesem Thema ist sehr ansprechend.	❏	❏	❏	❏
Das Thema ist für mein Kind wichtig.	❏	❏	❏	❏
Mein Kind freut sich, wenn in der Einrichtung zu diesem Thema etwas gemacht wird.	❏	❏	❏	❏
Mein Kind nimmt gerne an Aktivitäten zu diesem Thema teil.	❏	❏	❏	❏
Mein Kind fragt mich, wann es wieder etwas zu diesem Thema machen darf.	❏	❏	❏	❏
Die pädagogischen Fachkräfte reden mit mir über dieses Thema.	❏	❏	❏	❏
Mein Kind erzählt zuhause von diesem Thema.	❏	❏	❏	❏
Ich messe diesem Thema keine Bedeutung zu.	❏	❏	❏	❏

Geben Sie bitte an, wie wichtig folgende Aspekte für Sie sind:	Nicht wichtig	Wenig wichtig	Wichtig	Sehr wichtig
Das Thema muss im Freispiel einen Platz haben.	❏	❏	❏	❏
Zu diesem Thema müssen regelmäßig Angebote durchgeführt werden.	❏	❏	❏	❏
Die Einrichtung muss ausreichend Materialien zu diesem Thema vorhalten.	❏	❏	❏	❏
Die pädagogischen Fachkräfte müssen mit den Kindern über dieses Thema sprechen.	❏	❏	❏	❏

Bezogen auf das Thema können Sie nun im Folgenden angeben, was Ihnen bereits in der Umsetzung besonders gut gefällt:

Bezogen auf das Thema können Sie nun im Folgenden angeben, was Ihnen in der Umsetzung noch nicht so gut gefällt:

Bezogen auf das Thema können Sie nun im Folgenden angeben, was Sie sich zukünftig wünschen:

Gibt es sonst noch Anmerkungen zu diesem Thema, die Ihnen wichtig sind? Schreiben Sie diese bitte hier kurz auf:

Alternativ zum Einsatz eines Fragebogens sind natürlich auch Gespräche mit den Eltern hilfreich. Diese Methode ist von der Qualität der Ergebnisse her sehr gut geeignet, allerdings aber auch sehr zeitaufwendig. Eine Möglichkeit besteht zum Beispiel darin, die Fragen für die Qualitätsentwicklung mit einem so oder so anstehenden alljährlichen Entwicklungsgespräch zu verbinden.

Ist die Entwicklung eines geeigneten Instrumentes abgeschlossen, beginnt die Phase der Datenerhebung. Die Eltern werden rechtzeitig über das Vorhaben informiert und bekommen die Fragebögen ausgeteilt. Nachdem alle zu erwartenden Fragebögen zurückgekommen sind, beginnt eine Fachkraft mit der Auswertung der Ergebnisse (siehe Schritt 6, Seite 33 ff.). Die Erfahrungen zeigen, dass die Beteiligung nur in seltenen Fällen bei 100 Prozent liegt. Wenn trotz Erinnerung kaum bis keine Bögen mehr eintreffen, sollte das Team einen Schlusspunkt setzen. Den Eltern wird vor Beginn der Befragung zugesichert, dass die Beantwortung des Bogens anonym durchgeführt wird und keine Rückschlüsse auf einzelne Personen geben kann.

Nun legen die Teams fest, wann die Ergebnisse der Evaluation den Eltern vorgestellt werden. Dazu eignet sich besonders gut ein Elternabend.

3.3 Feedback von Kindern

Auf die Berücksichtigung der Kinderperspektive wird in Tageseinrichtungen oftmals mit dem Argument „Die sind ja noch viel zu klein" verzichtet. Dieses Argument ist zwar sehr populär, aber falsch.

Kinder können ihre eigene Sicht auf die Dinge schon sehr früh mitteilen. Eine der Äußerungen, die in die Richtung zielt, ist wohl: „Das ist doof." Natürlich ist von kleinen Kindern nicht ein derart differenziertes Bild zu erwarten wie von Erwachsenen, auch werden sie nicht in der Lage sein, ihre Aussage an Zielen zu orientieren. Aber sie können einschätzen, inwieweit aktuelle Situationen von ihnen als positiv oder negativ empfunden werden und was sie sich wünschen, was anders oder neu gemacht werden sollte.

Die Möglichkeiten, die Perspektive der Kinder einzubeziehen, sind nicht sehr umfangreich. Am besten eigenen sich dafür Gespräche mit den Kindern in einer ungestörten Atmosphäre. Die Kleingruppen, in denen solche Gespräche stattfinden, sollten dem Alter oder den Fähigkeiten der Kinder entsprechend zusammengesetzt sein. Ähnlich wie beim Elternfragebogen muss den Fachkräften klar sein, was sie die Kinder denn überhaupt fragen wollen. Meistens bedarf es einer kurzen Einführung ins Thema, damit die Kinder den Kontext herstellen können. Bei jüngeren Kindern bieten sich eher geschlossene Fragen an, bei älteren auch offene. Bereiche, die erfragt werden können, sind:

- Wie erleben die Kinder die Gestaltung des Themas aktuell?
- Was finden sie gut, was macht ihnen Spaß oder interessiert sie?
- Was finden sie weniger gut, was macht weniger Spaß oder interessiert sie nicht?
- Was fehlt ihnen zu diesem Thema?
- Was wünschen sich Kinder, das man anders machen sollte?
- Was wünschen sich Kinder, das man einmal ausprobieren sollte?

M 3.3

Einrichtungen, die bereits mit Portfolios arbeiten und dort nicht nur eine Mappe mit Werken der Kinder vorhalten, sondern auch mit anderen Medien arbeiten, können auch diese Aufzeichnungen nutzen. Insbesondere eignen sich hierzu Tondokumente, die von den Kindern in Form eines Lerntagebuchs geführt werden (vgl. Groot-Wilken 2008, S. 16 ff.).

Darüber hinaus besteht auch noch die Möglichkeit, einen Fragebogen zu entwickeln und den Kindern die darin enthaltenen Aussagen vorzulesen. Die Kinder können sich dann zwischen einem lachenden und einem traurigen Smiley entscheiden, um ihre Zustimmung oder Ablehnung auf dem Fragebogen kundzutun. Diese Variante ist sicher nur bei älteren Kindern zu empfehlen. Der Fragebogen wird dann ebenfalls im Team entwickelt, und der Einbezug der Ergebnisse findet analog zum Vorgehen bei der Elternbefragung statt.

3.4   Peer-Evaluation

Neben den bereits beschriebenen Möglichkeiten, die Qualität der Tageseinrichtung zu erfassen und zu verbessern, steht den Teams noch eine weitere sehr effektive Methode zur Verfügung: die Peer-Evaluation.

Während die vorher vorgestellten Verfahren jeweils durch das Team einer einzigen Einrichtung angegangen und durchgeführt werden, setzt Peer-Evaluation dagegen etwas anders an: Hier steht die gemeinsame Qualitätsentwicklung von zwei Einrichtungen, die bereit sind, gemeinsam ihr Wissen auszutauschen und voneinander zu lernen, im Fokus. Die folgende Beschreibung des Konzeptes der Peer-Evaluation orientiert sich an einer Publikation, die vom Institut für Qualitätsentwicklung Hessen mit dem Titel „Kompendium Peer-Evaluation im Verbund" herausgegeben wurde (Hessisches Kultusministerium 2006).

Peer-Evaluation ist eine Kooperation zweier Einrichtungsteams, die beide das Ziel haben, ihre Einrichtungsqualität zu verbessern. Die zu bearbeitenden Themen innerhalb einer Peer-Evaluation werden durch die beiden beteiligten Teams ausgehandelt, da sie von Kooperation zu Kooperation sehr unterschiedlich aussehen können. In Einzelfällen mag sich der Aushandlungsprozess so etwas schwieriger als bei einer hausinternen Qualitätsentwicklung gestalten. Da aber in der Regel eine Kooperation mit einem anderen Team nur dann angestrebt wird, wenn die „Ausgangssituation" ähnlich ist, kann man normalerweise davon ausgehen, dass dies nicht der Fall ist.

Peer-Evaluationen lassen sich durch die folgenden Merkmale beschreiben:

- Die an den Peer-Evaluationen beteiligten Teams sind gleichberechtigt.
- Teams suchen sich gegenseitig aus, es werden keine Kooperationen vorgeschrieben. Die Zusammenarbeit ist somit freiwillig.
- Evaluiert wird zwischen den Teams immer wechselseitig.
- Es gibt verlässliche schriftliche Absprachen über die Zusammenarbeit.
- Der Inhalt bzw. das Thema wird gemeinsam vereinbart.
- Teams haben das nötige Fachwissen und verstehen sich gegenseitig als Experten.
- Die erhoben Daten gehören der jeweiligen Einrichtung.
- Der Prozess wird dokumentiert.

Schritt 1: Vorgehen und Ziele klären

Im ersten Schritt stehen zwei Aufgaben im Mittelpunkt: Zunächst einmal wird die Idee der Peer-Evaluation im Team vorgestellt, damit die Fachkräfte wissen, worauf sie sich im Folgenden einlassen. Darüber hinaus müssen zum einen das Thema der Evaluation gefunden und festgelegt und zum anderen die damit verbundenen Ziele geklärt werden.

Vorstellung des Konzeptes und Zielklärung

Die Vorstellung des Konzeptes der Peer-Evaluation übernimmt am besten die Leitung. In der Regel wird sie diese Form der Qualitätsentwicklung mit dem Träger abklären und kennt deshalb schon die wesentlichen Inhalte des Konzeptes. Für das Team ist es hilfreich, wenn die die Leitung der Einrichtung kurz in die Ziele und wesentlichen Inhalte der Peer-Evaluation einführt. Am Ende der Vorstellung findet im Team eine Diskussion über die Peer-Evaluation unter den folgenden Fragestellungen statt:

- Warum will das Team Qualität entwickeln?
- Wer im Team möchte die Qualitätsentwicklung durchführen?
- Welche Motivationen gibt es im Team, Qualitätsentwicklung durchzuführen?
- Können wir uns als Team eine Peer-Evaluation vorstellen?
- Was könnten für uns Vorteile sein?
- Gibt es Nachteile, die wir erkennen können?
- Was versprechen wir uns von einer Team-Evaluation für unsere pädagogische Arbeit?
- Welche Unterstützung wird benötigt?
- Wie viel Zeit muss eingeplant werden?
- Welche Ziele sollen erreicht werden bzw. worin soll sich die Qualitätsentwicklung ausdrücken?
- Welche verlässlichen Absprachen müssen getroffen werden, damit jede Fachkraft an der Qualitätsentwicklung teilnehmen kann? Wo ist der zeitliche Raum für Qualitätsentwicklung?
- Sind alle Kolleginnen und Kollegen der Qualitätsentwicklung gegenüber positiv eingestellt? Was geschieht, wenn einige Fachkräfte dem Verfahren gegenüber abgeneigt sind?

Vorgehen

Nachdem das Team sich dazu entschlossen hat, eine Peer-Evaluation durchzuführen und der Träger zugestimmt hat, können die Fachkräfte damit beginnen, das Vorgehen bei der Suche nach einer Partnereinrichtung festzulegen. Die Diskussion dazu muss im gesamten Team stattfinden. Am Ende der Besprechung muss klar sein,

- welche Ressourcen für die Durchführung der Peer-Evaluation zur Verfügung stehen,
- unter welchen Rahmenbedingungen die Peer-Evaluation stattfindet,
- wer welche Verantwortlichkeiten im Prozess hat,
- wer das Team gegenüber der anderen Einrichtung vertritt,
- welche formalen Aspekte mit der anderen Einrichtung im Vorfeld geklärt werden müssen,
- wie das Zeitfenster für den Prozess definiert ist.

Zur Dokumentation dieser Aspekte kann das Arbeitsmaterial 03 – Zielvereinbarungen (siehe Seite 17 f.) benutzt werden.

Themenfindung

Wie bereits an anderer Stelle erwähnt, ist es notwendig, für die Qualitätsentwicklung ein Thema zu bestimmen. Damit der Prozess gelingt und das gesteckte Ziel auch erreicht werden kann, ist es wichtig, dass das Thema nicht zu umfassend oder zu unkonkret ist. Die Qualitätsentwicklung sollte in jedem Fall fokussiert sein, denn dadurch können auch Prozesse und Arbeitsaufträge konkret zugeschnitten werden. In diesem Schritt ist das Team erst einmal noch ohne Partnerteam. Denn bevor man sich auf die Suche nach einem Partnerteam machen kann, muss das Thema geklärt sein, das gemeinsam in der Peer-Evaluation bearbeitet werden soll. Dieses Vorgehen findet sich im dynamischen Entwicklungsmodell in Schritt 4 (siehe Seite 30) wieder. Nachdem ein Thema festgelegt und eine gemeinsame Grundlage zur Bearbeitung gefunden worden ist, kann nun mit der eigentlichen Peer-Evaluation begonnen werden.

Eine zentrale Rolle nimmt auch hier die Leitung ein, die gemeinsam mit dem Team dafür Sorge trägt, dass die Qualitätsentwicklung kontinuierlich und systematisch stattfinden kann. Das bedeutet auch sicherzustellen, dass die Rahmenbedingungen ein produktives und angemessenes Arbeiten ermöglichen.

Zielklärung

Abschließend in diesem ersten Schritt klärt das Team, mit welchem Anspruch bzw. welchen Zielen die Peer-Evaluation durchgeführt werden soll. Auch hier ist es wichtig, die nachfolgenden Fragen als Team gemeinsam zu diskutieren. Peer-Evaluation als gleichberechtigter Prozess erfolgt in keinem Fall top-down, sondern wird idealerweise bottom-up vom Team der Einrichtung initiiert und entwickelt.

Folgende Fragen dienen der Klärung des Anspruches und der Ziele:

- Was soll durch die Peer-Evaluation erreicht werden?
- Was soll in dem vom Team ausgewählten inhaltlichen Bereich verändert werden?
- In Bezug auf welche Fragestellungen soll die Qualität der pädagogischen Arbeit verbessert werden?
- Gibt es zwischen dem ausgewählten Thema und der Einrichtungskonzeption einen Zusammenhang? Welchen?
- Sollen die Kinder und die Eltern in diesen Prozess eingebunden werden?
- Welche neuen Erkenntnisse sollen gewonnen werden?
- Wie geht es nach der Peer-Evaluation weiter?

Indikatoren zur Überprüfung der Entwicklungsschritte

Die nachfolgenden Indikatoren ermöglichen eine Prüfung der wichtigsten Aufgaben bzw. Arbeitsschritte. Teams können erst zum zweiten Schritt übergehen, wenn alle aufgeführten Indikatoren mit einem „Erledigt"-Haken versehen sind:

- ❏ Das Team hat eine positive Entscheidung getroffen.
- ❏ Der Träger stimmt dem Vorhaben zu.
- ❏ Das Thema wurde festgelegt.
- ❏ Das Vorgehen wurde festgelegt.
- ❏ Die Ziele wurden geklärt.
- ❏ Die Rahmenbedingungen ermöglichen die Entwicklung.

Schritt 2: Partnereinrichtung finden

Das Team hat geklärt, welches Thema zum Inhalt einer Peer-Evaluation gemacht werden soll. Nun geht es im nächsten Schritt darum, ein angemessenes Partnerteam zu finden, mit dem eine Zusammenarbeit sinnvoll und effizient erscheint.

Partnereinrichtung suchen

Auf Basis der im ersten Schritt festgelegten Strategie und formulierten Ziele macht sich die Einrichtung nun auf die Suche nach einem Team, das für eine Zusammenarbeit geeignet ist. Die Suche nach einer passenden Partnereinrichtung ist nicht einfach. Ihr kommt aber eine große Bedeutung zu, da der Erfolg der Peer-Evaluation davon abhängt, ob die Partnereinrichtung die gewünschten Impulse geben kann oder nicht. Dazu ist es wichtig, die festgestellten Bedarfe (Schritt 1) bei der Suche im Blick zu haben und abzuklären, ob die Partnereinrichtung über Kompetenzen zu diesem Thema verfügt.

Für diesen Prozess ist es wichtig festzulegen, wer sich auf die Suche macht und welche Kriterien dabei zugrunde gelegt werden. Natürlich spielt das Evaluationsthema eine entscheidende Rolle. Die Suche nach einem Partnerteam ist davon hochgradig abhängig. Eine Einrichtung, die zum Beispiel im Bereich der sprachlichen Entwicklung in den Prozess der Peer-Evaluation einsteigt, wird mit Sicherheit ein Team als Partner haben wollen, das in diesem Bereich über Wissen und auch praktische Erfahrungen verfügt. Wer nach möglichen Einrichtungen recherchiert, wird diesen Parameter anlegen müssen, um erfolgreich zu sein.

Es ist auch denkbar eine Einrichtung zu suchen, die sich ebenso wie die eigene in der Entwicklungsphase befindet. Hier könnte das zum Beispiel eine Kita sein, die gerade dabei ist, ein Konzept zur Sprachbegleitung zu entwickeln. Der Nachteil dabei ist, dass man zwar in einen kollegialen Austausch eintreten und Synergien nutzen, das Team aber nicht von Wissen und Erfahrungen der Partnereinrichtung profitieren kann.

Die meisten Einrichtungen haben bereits mehr oder minder feste Kontakte zu anderen Teams in der Gemeinde bzw. im Umfeld oder zu Einrichtungen des gleichen Trägers. Bei der Suche können die bereits bestehenden Kontakte genutzt und in eine Zusammenarbeit im Rahmen der Peer-Evaluation ausgebaut werden. Eine denkbare Variante ist auch, dass sich mehrere Einrichtungen des gleichen Trägers zusammenfinden und in den gemeinsamen Prozess der Peer-Evaluation einsteigen. Aber letzten Endes ist es nicht wichtig, woher die Partnereinrichtung kommt, sondern inwiefern die Ziele und Themen der beiden Einrichtungen miteinander in Einklang zu bringen sind.

Zwei weitere Aspekte sind bei der Suche nach potenziellen Partnern noch im Vorfeld zu klären: Zum einen handelt es sich um die Anzahl der möglichen Partnereinrichtungen. Dabei sind durchaus mehrere Modelle denkbar. Angefangen bei einer klassischen bilateralen Kooperation zwischen zwei Einrichtungen bis hin zu Kooperationsverbünden mit mehreren Teams. Dabei ist nur zu bedenken: Je mehr Einrichtungen im Verbund vereinigt sind, desto schwierig wird es sein, ein gemeinsames Thema klar zu beschreiben und daraus eindeutige Arbeitsaufträge abzuleiten. Andererseits besteht aber auch die Chance, aus der Pluralität der unterschiedlichen Einrichtungen mehr konzeptionelle Ideen und Ansätze zu gewinnen als in einer bilateralen Kooperation.

Zum anderen ist noch zu klären, wie lange die Kooperation bestehen soll. Erfahrungen im Bereich der Qualitätsentwicklung weisen darauf hin, dass Teams eher dahin tendieren, die Zeiträume zu knapp anzusetzen. Es empfiehlt sich unbedingt, realistische Zeitleisten anzulegen, denn Entwicklung braucht Zeit. Bei der Entscheidung für eine Peer-Evaluation im Rahmen eines Qualitätsentwicklungsprozesses sollte ein Zeitraum von circa zwei Jahren eingeplant werden. Im Rahmen eines Projektes, dass der Autor mit der Stadt Werdohl zum Thema „Konzeptionsentwicklung" durchgeführt hat, definierten Träger und Einrichtungen zu Beginn des Projektes ein Zeitfenster von 18 Monaten. Im Prozess wurde allerdings sehr schnell deutlich, dass dieses Zeitfenster mehr als ambitioniert gewesen ist. Die Konzeptionsentwicklung für die städtischen Einrichtungen konnte nach drei arbeitsreichen Jahren erfolgreich abgeschlossen werden (vgl. Groot-Wilken 2010). Nicht zuletzt wurde der Prozess auch durch sich häufig verändernde Parameter wie Krankenstand, Personalfluktuationen oder Leitungswechsel ausgebremst. Aber auch inhaltliche Diskurse im Team und auf der Leitungsebene führten immer wieder zu neuen Aufgaben und letztendlich dazu, dass eine sehr intensive Auseinandersetzung entstanden ist.

Das folgende Arbeitsmaterial ist geeignet, auf der Suche nach einer Partnereinrichtung Informationen gebündelt zusammenzustellen und zu prüfen, ob die Einrichtung geeignet ist.

M3.4

65

Thema der Qualitätsentwicklung:		

Gibt es Einrichtungen, zu denen bereits Kontakt besteht? Welche sind das?

	Informationen zur Einrichtung	
	Beschreibung	Prüfung, ob die Inhalte und Bedingungen ähnlich wie die eigenen sind
Name und Adresse		
Leitung		
Träger		❏
Rahmenbedingungen		❏
Konzeptionelle Schwerpunkte		❏
Umfeld		❏
Persönliche Kontakte		❏
Gab es schon Kooperationen?		❏

Vorstellung der konzeptionellen Ideen

Nachdem der Kreis der infrage kommenden Einrichtungen feststeht, stellt das Team den anderen Informationen über sich zur Verfügung. Der einfachste und gängigste Weg ist, der anderen Einrichtung die pädagogische Konzeption zu übergeben, insofern sie noch aktuell ist. Aktuell meint, dass die Konzeption im pädagogischen Alltag gelebt wird und nicht in einer „sicheren Schublade" seit Jahren auf bessere Zeiten wartet.

Sollte eine aktuelle Konzeption nicht vorhanden sein, macht sich die Einrichtung daran, die wichtigsten Informationen portfolioartig zusammenzustellen. Das bedeutet, dass auf das Team zunächst Arbeit zukommt, die jedoch im Rahmen der Orientierungs- und Entwicklungsphase so oder so notwendig wird. In jedem Fall muss die andere Einrichtung die Möglichkeit haben, sich auf der Grundlage der vorliegenden Informationen entscheiden zu können, ob eine Kooperation sinnvoll ist. Dazu gehört auch, dass eine knappe ausgewählte Information über die in der Orientierungsphase bzw. im ersten Schritt entwickelten Ziele und Verfahren erfolgt. Ebenso werden die benötigten Informationen in der umgekehrten Richtung weitergeleitet.

Gesprächsaufnahme

Das erste Gespräch ist sehr bedeutsam, da es sich in der Regel hier herausstellt, ob sich eine Zusammenarbeit anbietet oder nicht. Bei dieser Begegnung sollte in jedem Fall mit „offenen Karten" gespielt werden. In diesem Gespräch wird geklärt,

- welche Ziele erreicht werden sollen,
- welche Wünsche die Einrichtungen an die Kooperation stellen und
- welche Hoffnungen mit einem solchen Prozess verknüpft sind.

Es wird sich in diesem Gespräch relativ schnell zeigen, ob die beiden oder mehrere Einrichtungen zueinander passen und eine Kooperation von allen Seiten gewollt wird. Stellt sich heraus, dass das nicht der Fall ist, dann ist auch ein Abbruch der Gespräche denkbar. Auch das wäre ein Ergebnis des Gespräches, denn nicht in jedem Fall ist die Auswahl eines oder mehrerer Partner gleich treffsicher.

M 3.4

Thema der Qualitätsentwicklung:	

Indikatoren für die Führung eines ersten Sondierungsgespräches

Welche Ziele verfolgt die Partnereinrichtung in der Qualitätsentwicklung bzw. bei der Peer-Evaluation?	
Welche Inhalte will die Partnereinrichtung primär bearbeiten?	
Sind die strukturellen Rahmenbedingungen der Partnereinrichtung so, dass ein konstruktives Arbeiten möglich ist?	
Wie sehen die personellen Ressourcen der Partnereinrichtung aus?	
Wie sehen die zeitlichen Ressourcen der Partnereinrichtung aus?	
Sind die Vorstellungen über das Vorgehen zwischen den beiden Einrichtungen ähnlich?	
Gibt es gemeinsame Verfahren, die der Peer-Evaluation zugrunde gelegt werden können?	
Ist die vorgesehene Zeitleiste der beiden Einrichtungen identisch?	

Indikatoren zur Überprüfung der Entwicklungsschritte

Die nachfolgenden Indikatoren ermöglichen eine Prüfung der wichtigsten Aufgaben bzw. Arbeitsschritte. Teams sollten erst zum nächsten Schritt übergehen, wenn alle aufgeführten Indikatoren mit einem „Erledigt"-Haken versehen sind:

❏ Die Aufgaben und die Rollen der Teammitglieder sind geklärt.
❏ Die Anforderungen für eine Kooperation an die andere Einrichtung sind geklärt.
❏ Es wurden verschiedene mögliche Einrichtungen kontaktiert.
❏ Die Einrichtung hat ein Konzept bzw. andere Dokumente, mit denen sie sich bei den anderen Einrichtungen vorstellen kann.
❏ Sondierungsgespräche wurden geführt.
❏ Gesprächsprotokolle der Sondierungsgespräche wurden angefertigt.

Schritt 3: Einrichtungspartnerschaft aufbauen

Im nun folgenden Schritt erklären sich die Einrichtungen bereit, gemeinsam eine zeitlich und inhaltlich begrenzte Partnerschaft einzugehen und die Rahmenbedingungen dafür abzuklären.

Einrichtungspartnerschaft beschließen

Die Einrichtungspartnerschaft ist eine zeitlich begrenzte und auf bestimmte Inhalte fokussierte Zusammenarbeit in ausgewählten Fragen der Qualitätsentwicklung. Die Form der Kooperation steht für Verbindlichkeit und Dauerhaftigkeit. Mitglieder des einen Teams sind für die Mitglieder des jeweils anderen Wegbegleiter im Entwicklungsprozess.

Nachdem sich aus den Vorgesprächen eine potenzielle Zusammenarbeit und ein gemeinsamer Bearbeitungsgegenstand (Thema) abzeichnen, können die beiden Einrichtungen eine Einrichtungspartnerschaft beschließen. Dazu bietet sich ein gemeinsames Gespräch zwischen den beiden Teams an, an dem zunächst alle Fachkräfte sowie Vertreter der Träger teilnehmen. Diese Begegnung dient in erster Linie dazu, dass sich die zukünftigen Kooperationspartner kennenlernen. Der endgültige Vertrag zwischen den beiden Einrichtungen wird dann jeweils von den Leitungen und den Trägervertretern geschlossen.

Folgende Hinweise für die Gestaltung eines Kooperationsvertrages sollten berücksichtigt werden:

Grundlagen und Vertragspartner
▣ Benennung der Vertragsparteien und deren Vertreter
▣ Benennung des Themas bzw. der Themen für die Peer-Evaluation
▣ Die Einrichtungen vereinbaren folgende Leitziele/Kriterien/Indikatoren:

Vereinbarung über die Verfahren
▣ Beide Einrichtungen führen eine interne Qualitätsentwicklung durch.
▣ Die interne Qualitätsentwicklung wird dokumentiert.
▣ Der Peer-Auftrag und die Verfahrensweise sowie die Dokumentation der Peer-Evaluation werden zwischen den Partnereinrichtungen vereinbart.
▣ Ergebnisse des gemeinsamen Prozesses werden von den Teams ausgewertet.
▣ Empfehlungen werden diskutiert.
▣ Der Ergebnisbericht beinhaltet die Ergebnisse, Empfehlungen und Ergebnisse des Abschlussgesprächs.
▣ Die weitere Planung und Umsetzung der Empfehlungen findet in den jeweiligen Teams statt.

Benennung der Beteiligten
▣ Benennung der beteiligten Fachkräfte
▣ Benennung der Moderation
▣ Benennung von Trägervertretern

Zeit- und Verlaufsplan
▣ Beginn
▣ Zwischenschritte/Meilensteine

- Ziele und Verfahrensweise
- Dauer des Evaluationszyklus
- Häufigkeit der Evaluationszyklen
- Protokollierungen
- Peer-Evaluation: Termine, Häufigkeit und Dauer
- Beendigung der Kooperation

Grundsätze und Regeln für die Kooperation
- Datenschutz und Vertraulichkeit
- Transparenz des Verfahrens für alle Beteiligten
- Verbindlichkeit, Vertraulichkeit und Verantwortlichkeit
- Konfliktmanagement

Indikatoren zur Überprüfung der Entwicklungsschritte

Die nachfolgenden Indikatoren ermöglichen eine Prüfung der wichtigsten Aufgaben bzw. Arbeitsschritte. Teams sollten erst zum nächsten Schritt übergehen, wenn alle aufgeführten Indikatoren mit einem „Erledigt"-Haken versehen sind:

❑ Eine Partnereinrichtung wurde gefunden und die Zusammenarbeit beschlossen.
❑ Es gibt eine Arbeitsvereinbarung bzw. einen Vertrag zwischen den Einrichtungen.

Schritt 4: Arbeitsteams bilden

In den meisten Tageseinrichtungen wird für die Qualitätsentwicklung bzw. die Peer-Evaluation wenig zusätzliche Zeit zur Verfügung stehen. Deshalb ist es notwendig, angemessene Verfahren und Kleingruppenarbeit in Betracht zu ziehen. Natürlich ist es am besten, wenn die Prozesse im Wesentlichen im gesamten Team durchgeführt werden können. Allerdings wird das nur in wenigen Situationen möglich sein.

Es bietet sich aus diesem Grund an, über Kleingruppen nachzudenken, die sich mit bestimmten Aufgaben bzw. Fragestellungen beschäftigen. An einem einfachen Beispiel lässt sich zeigen, dass sich mit drei Stunden Entwicklungszeit pro Monat für ein gesamtes Team ein doch einigermaßen ordentliches Zeitmanagement durchführen lässt. In einer mittelgroßen Einrichtung mit drei Gruppen und insgesamt acht Mitarbeiterinnen inklusive Leitung lässt sich folgendes Modell denken: Treffen sich alle Mitarbeiterinnen des Teams immer in einer großen Teamsitzung, müssen alle Themen innerhalb von drei Stunden bearbeitet werden. Setzen sich allerdings zwei Gruppen zu je vier Mitarbeiterinnen zusammen, so wären das schon sechs Stunden Bearbeitungszeit. Teilt man die Gruppen noch weiter auf und legt in einzelnen Phasen auch Einzelarbeit zugrunde, so wächst das Zeitkontingent spürbar an. Denn schließlich steht jeder einzelnen Fachkraft ein Zeitkontingent von drei Stunden im Monat zur Verfügung, das bei acht Kolleginnen immerhin einen monatlichen Zeitraum von 24 Stunden umfasst.

Die Gruppen sollten allerdings nicht nur unter dem Gesichtspunkt der Zeiteffizienz zusammengesetzt werden, sondern auch immer auf thematische Anschlussfähigkeit geprüft werden. Am Beispiel einer Peer-Evaluation im Entwicklungsbereich „Sprache und Kommunikation" lassen sich durchaus unterschiedliche Themenschwerpunkte wie „Förderung von kommunikativen Kompetenzen", „Förderung der Ausdrucksfähigkeit" oder „Projektarbeit und Sprachbegleitung" entwickeln, die dann jeweils auch in kleineren Gruppen bearbeitet werden können. Es sollte auch darauf geachtet werden, dass die Gruppen so besetzt sind, dass sich die fachlichen Kompetenzen widerspiegeln und nach Möglichkeit auch Fachkräfte zusammenarbeiten, deren Kooperation sich in der Vergangenheit bewährt hat.

Damit die jeweiligen individuellen Erwartungen, Vorkenntnisse und Bedürfnisse mit der Gruppenarbeit vereinbart werden können, ist es notwendig, drei Arbeitsaufträge im Vorfeld zu besprechen und zu klären:
- Was ist der gemeinsame und verbindliche Arbeitsauftrag?
- Welche Erwartungen hat die einzelne Fachkraft an die Zusammenarbeit?
- Wie sind die Teamregeln?

VORBESPRECHUNG TEAMARBEIT

Thema der
Qualitätsentwicklung:

Wie lautet der Arbeitsauftrag bzw. wie lauten unsere Arbeitsaufträge für unsere Einrichtung?

1. Arbeitsauftrag

2. Arbeitsauftrag

3. Arbeitsauftrag

Welche Erwartungen haben die Teammitglieder der eigenen Einrichtung?

Erste Erwartung

Zweite Erwartung

Dritte Erwartung

Vierte Erwartung

M**3.4**

ARBEITSMATERIAL 17

Welche Regeln zur Zusammenarbeit werden vereinbart?

Erste Regel	
Zweite Regel	
Dritte Regel	
Vierte Regel	
Fünfte Regel	
Sechste Regel	

Nachdem die Fragen der Teamzusammensetzung und die Arbeitsweise besprochen und geklärt sind, kann die eigentliche Arbeit im Team beginnen. Dazu ist es allerdings notwendig, noch einmal die Doppelbedeutung bzw. das Spannungsfeld, in dem die Teams arbeiten, deutlich zu machen. Auf der einen Seite arbeiten die Teams innerhalb der eigenen Einrichtung zur Verbesserung der eigenen Qualität, auf der anderen Seite arbeiten sie mit den Kolleginnen und Kollegen anderer Einrichtungen zusammen, mit denen sie gemeinsam auch deren Qualität verbessern möchten. Dazu ist es wichtig, einerseits loyal zur eigenen Einrichtung zu sein und jeweils abzuschätzen, was für den Entwicklungsprozess wichtige Informationen sind und welche unter Vertrauensschutz stehen. Andererseits müssen die Fachkräfte auch loyal gegenüber den Kolleginnen und Kollegen der anderen Einrichtung sein und mit deren „Daten" vertrauensvoll umgehen. In der Regel finden die Fachkräfte die Balance zwischen diesen beiden Anforderungen heraus, wenn der Prozess unter dem Stern der konstruktiven und vertrauensvollen Zusammenarbeit steht.

Analog zu den unter Schritt 3 aufgeführten Fragen (siehe Seite 28 f.) werden auch für die Kooperation mit der Partnereinrichtung Regeln festgelegt, die für alle Mitstreiterinnen und Mitstreiter verlässlich und transparent sind. Diese Regeln werden ebenfalls schriftlich fixiert und sind immer dann hilfreich, wenn ein Prozess stockt oder sich ein Konflikt abzeichnet. Darüber hinaus sollte geklärt werden,

- wer Mitglied im Verbund bzw. in der jeweiligen Kleingruppe ist,
- wer Ansprechpartner bzw. Moderation der jeweils anderen Einrichtung ist,
- wie sichergestellt wird, dass notwendige Informationen innerhalb der eigenen Einrichtung und zwischen den Einrichtungen bekannt sind.

M3.4

Für jede Kleingruppe bzw. für das gesamte Team werden die in der Arbeitshilfe 18 (siehe Seite 74 f.) beschriebenen Fragen geklärt und schriftlich fixiert. Im Gegensatz zum Arbeitsmaterial 17 – Vorbesprechung Teamarbeit (siehe Seite 71 f.) handelt es sich hierbei um Regeln für die Arbeitsgruppen, die aus Mitgliedern beider Einrichtungen bestehen, und nicht um Regeln, die die jeweilige Einrichtung als Grundsätze der eigenen Arbeit festgelegt hat.

VEREINBARUNGEN FÜR DIE KLEINGRUPPENARBEIT bzw. DIE ARBEIT IM GESAMTTEAM

Thema der
Qualitätsentwicklung:

Zu welchem Aspekt bzw. zu welcher Fragestellung arbeitet die Gruppe?

Welche Ziele sollen in der Arbeitsgruppe erreicht werden?

1. Ziel

2. Ziel

3. Ziel

Wer aus der Arbeitsgruppe übernimmt welche Aufgabe?

Aufgabe:
Name der Fachkraft:

Aufgabe:
Name der Fachkraft:

Aufgabe:
Name der Fachkraft:

Aufgabe:
Name der Fachkraft:

VEREINBARUNGEN FÜR DIE KLEINGRUPPENARBEIT BZW. DIE ARBEIT IM GESAMTTEAM

Welche Regeln zur Zusammenarbeit hat die Arbeitsgruppe?

Erste Regel

Zweite Regel

Dritte Regel

Vierte Regel

Fünfte Regel

Sechste Regel

Wie werden die anderen beteiligten Fachkräfte informiert?

Ist Unterstützung durch Dritte notwendig? Wenn ja, um was handelt es sich und wer sollte unterstützen?

Notwendige Unterstützung durch:

Notwendige Unterstützung durch:

Notwendige Unterstützung durch:

M**3.4**

ARBEITSMATERIAL 18

Indikatoren zur Überprüfung der Entwicklungsschritte

Die nachfolgenden Indikatoren ermöglichen eine Prüfung der wichtigsten Aufgaben bzw. Arbeitsschritte. Teams sollten erst zum nächsten Schritt übergehen, wenn alle aufgeführten Indikatoren mit einem „Erledigt"-Haken versehen sind:

❑ Es wurden Arbeitsgruppen gebildet, die einen klaren Auftrag haben.
❑ Die Erwartungen, Vorstellungen und Ansprüche aller Beteiligten wurden besprochen und eine Einigung wurde erzielt.
❑ Es gibt Regeln für die Zusammenarbeit.

Schritt 5: Interne Evaluation in der Peer-Evaluation

Der fünfte Schritt unterteilt sich in zwei Unteraspekte: Im Vordergrund steht einerseits die Frage nach der internen Evaluation bzw. den Erfahrungen zu bestimmten Fragestellungen, Themen oder Aufgaben und andererseits die Frage nach der Vorbereitung für die Peer-Evaluation.

Interne Evaluation

Kein Team fängt in der Qualitätsentwicklung bei null an. Auch bei der Peer-Evaluation gibt es bereits eine Menge an Erfahrung, Wissen und möglicherweise auch schon Konzepte für einzelne pädagogische Bereiche. Im Rahmen einer Peer-Evaluation geht es nun darum, dieses Vorwissen nutzbar zu machen. Dazu können verschiedene Methoden angewendet werden, die hier nur kurz benannt sind:

▪ Es gibt bereits „Daten" bzw. Informationen zu dem bestimmten Thema, zum Beispiel aufgrund von Elternbefragungen und/oder anderen Methoden der Qualitätsentwicklung. Diese Daten können nun für den nachfolgenden Prozess genutzt werden, indem man diese mit Blick auf die weiteren Arbeitsschritte nochmals auswertet.
▪ Es gibt bereits Methoden und Verfahren, um mit bestimmten Fragestellungen und Aufga-

ben umzugehen. Diese werden ebenfalls für den weiteren Prozess nutzbar gemacht, indem sie nun zielgerichtet aufbereitet werden.

▪ Die Einrichtung verfügt über ein Konzept, in dem es zu dem zu bearbeitenden Bereich bereits inhaltliche Ausführungen gibt. Das Team überprüft die Aktualität der konzeptionellen Formulierungen und stellt diese für den weiteren Prozess allen Beteiligten zur Verfügung.
▪ Es gibt zwischen Team und Träger Vereinbarungen, die für den Prozess von Bedeutung sind. Diese Informationen müssen ebenfalls für alle Beteiligten zur Verfügung gestellt werden; möglicherweise müssen die Vereinbarungen dazu neu zusammengestellt oder gekürzt werden.

Falls es zum ausgewählten Thema keine Vereinbarungen geben sollte, wird das Team im Vorfeld entscheiden, ob die Peer-Evaluation

▪ vor der internen Evaluation stattfinden soll oder
▪ nach der internen Evaluation.

Im ersten Fall würde die Peer-Evaluation einen Impuls für die eigene Qualitätsentwicklung geben und an den Ergebnissen der Orientierungsphase (siehe Seite 23 ff.) anknüpfen. Im zweiten Fall wird durch die Peer-Evaluation ein bereits erfolgter Prozess im Rahmen der Reflexionsphase evaluiert. Prinzipiell sind beide Verfahren denkbar und hilfreich. Im Rahmen des hier vertretenen Ansatzes wird allerdings empfohlen, die Peer-Evaluation in der Orientierungsphase durchzuführen.

Information über den Stand der Entwicklungen

Vor der Peer-Evaluation wird die Partnereinrichtung über den Arbeits- und Entwicklungsstand der eigenen Einrichtung unterrichtet. Dazu findet ein gemeinsames Gespräch der Einrichtungsvertreterinnen und -vertreter statt, in dem ein Austausch angestrebt wird. Für dieses Gespräch stellt die Einrichtung das notwendige Material zusammen. Je nach Intensität der bereits geleisteten Arbeit in der Einrichtung kann dieses Portfolio sehr umfangreich sein. Darüber hinaus müssen beide Einrichtungen einen Ablaufplan für die eigene Evaluation und Entwicklungsarbeit erarbeiten sowie einen weiteren Arbeitsplan für die Arbeit im Verbund, der dann im Gespräch abgestimmt wird.

Folgende Zwischenziele bzw. -schritte sollten darin enthalten sein:

- Wann findet das erste gemeinsame Verbundtreffen statt?
- Wann wird der erste Zwischenbericht für die Einrichtungen vorgelegt?
- Wann werden Daten bzw. Informationen erhoben?
- Wann wird der Reflexionsbericht der Einrichtung erstellt?
- Wann findet der erste gegenseitige Besuch statt?

Für die Ablaufplanungen in den Einrichtungen versuchen die Teams, berechenbare und auch unberechenbare Ereignisse einzuplanen. Dazu zählen:

- Ferien
- Feste
- Urlaub
- Krankheit
- Personalengpässe
- Personalfluktuationen etc.

Indikatoren zur Überprüfung der Entwicklungsschritte

Die nachfolgenden Indikatoren ermöglichen eine Prüfung der wichtigsten Aufgaben bzw. Arbeitsschritte. Teams sollten erst zum nächsten Schritt übergehen, wenn alle aufgeführten Indikatoren mit einem „Erledigt"-Haken versehen sind:

- ❏ Die notwendigen Dokumente für den Austausch mit der Partnereinrichtung liegen vor.
- ❏ Ein einrichtungsinterner Ablaufplan liegt vor.

- ❏ Das Gespräch zwischen den Vertreterinnen und Vertretern der Einrichtungen hat stattgefunden.
- ❏ Die Schnittstellen zwischen den Einrichtungen (interne Evaluation/Qualitätsentwicklung und Peer-Evaluation) sind besprochen worden und geklärt.
- ❏ Ein Ablaufplan für die Arbeit im Verbund liegt vor.

M3.4

Schritt 6: Reflexions- und Peer-Bericht

Der Prozess der Peer-Evaluation stützt sich auf zwei wesentliche Dokumente – den Reflexionsbericht und den Peer-Bericht. Der Reflexionsbericht ist die Zusammenfassung, die die besuchte Einrichtung für die besuchende Einrichtung verfasst, damit diese die Peer-Evaluation zielgerichtet durchführen kann. Mit dem Peer-Bericht ist das Protokoll gemeint, das die besuchende Einrichtung als Ergebnis der Peer-Evaluation für die besuchte Einrichtung verfasst. Im Wesentlichen werden mit diesen beiden Dokumenten drei Ziele verfolgt:

Erstes Ziel: Der Reflexionsbericht dient der erstellenden Einrichtung als Reflexions- und Planungshilfe.

Zweites Ziel: Der Reflexionsbericht dient der besuchenden Einrichtung als Orientierungs- und Fokussierungshilfe für eine kritische Analyse im Rahmen der Peer-Evaluation.

Drittes Ziel: Der Peer-Bericht dient der besuchten Einrichtung als Rückmeldung im Sinne eines „critical friend" zur Abgleichung der internen mit einer externen Perspektive und somit zur Impulsgebung.

INHALTE FÜR DEN REFLEXIONSBERICHT

Thema der
Qualitätsentwicklung:

Welche konzeptionellen Überlegungen liegen zum jeweiligen Thema vor?

Was charakterisiert die pädagogische Arbeit zurzeit in diesem Themenfeld?

Was soll in der pädagogischen Arbeit verändert werden?

1. Veränderung

2. Veränderung

3. Veränderung

INHALTE FÜR DEN REFLEXIONSBERICHT

M3.4

Was soll in der pädagogischen Arbeit unverändert bleiben?

1.

2.

3.

Welche bereits erreichten Ziele sollen weiterhin Bestand für die pädagogische Arbeit haben?

1. Ziel

2. Ziel

3. Ziel

Welche Ziele will das Team mit den Veränderungen erreichen?

1. Ziel

2. Ziel

3. Ziel

ARBEITSMATERIAL 19

ANALYSE DES REFLEXIONSBERICHTES

Thema:

Ist deutlich geworden, welche Ziele die Einrichtung verfolgt (kurze Begründung erforderlich)?

Ist der Reflexionsbericht schlüssig und nachvollziehbar? Geben Sie bitte gegebenenfalls fehlende Elemente an.

Sind die weiteren Dokumente mit dem Reflexionsbericht in Einklang zu bringen?

Sind im Reflexionsbericht Zeitplan und Fristen benannt? Sind diese schlüssig aufeinander bezogen?

ARBEITSMATERIAL 20

ANALYSE DES REFLEXIONSBERICHTES

Sind die fachlichen Aspekte ausreichend beachtet? Sind fachliche Mindestanforderungen erfüllt?

Gibt es Fragen, die weder durch die Dokumente noch durch den Reflexionsbericht beantwortet wurden? Welche sind das?

Raum für ein Feedback:

M 3.4

ARBEITSMATERIAL 20

Je nachdem, für wie lange der gemeinsame Prozess vereinbart worden ist, sollten diese Dokumente regelmäßig aktualisiert werden. Der Reflexionsbericht wird mindestens einmal im Jahr auf den neuesten Stand gebracht, höchstens jedoch dreimal, wenn an dem jeweiligen Thema weiterhin gearbeitet wird. Der Peer-Bericht wird jeweils nach jeder Peer-Evaluation neu angefertigt. Dabei ist es sinnvoll, gerade auch Veränderungen in den Folgeberichten abzubilden.

Erstellung eines Reflexionsberichtes
Der Umfang eines Reflexionsberichtes ist abhängig von der bereits geleisteten Arbeit zu dem bestimmten Thema in der Einrichtung. Da aber in der Regel in fast jeder Einrichtung zu den zentralen Themen der pädagogischen Arbeit bereits im Sinne der Qualitätsentwicklung und -sicherung gearbeitet wurde, liegen auf jeden Fall Dokumente vor.

Analyse des Reflexionsberichtes durch die Partnereinrichtung
Die Aufgabe der Partnereinrichtung besteht darin, den von der Einrichtung angefertigten Reflexionsbericht zu analysieren und sich somit auf den anstehenden Hospitationstag vorzubereiten. Die Analyse des Reflexionsberichtes (siehe Seite 80 f.) erfolgt nach einem zuvor festgelegten Kriterienkatalog.

Indikatoren zur Überprüfung der Entwicklungsschritte
Die nachfolgenden Indikatoren ermöglichen eine Prüfung der wichtigsten Aufgaben bzw. Arbeitsschritte. Teams sollten erst zum nächsten Schritt übergehen, wenn alle aufgeführten Indikatoren mit einem „Erledigt"-Haken versehen sind:

❑ Zeitliche Absprachen wurden eingehalten.
❑ Alle Fragen konnten durch die Dokumente und den Reflexionsbericht beantwortet werden.
❑ Alle Dokumente spiegeln den aktuellen Stand der Einrichtung wider.

❑ Alle Ausführungen konnten begründet werden.
❑ Der Reflexionsbericht ist nachvollziehbar.

Schritt 7: Hospitationstag

Mit dem siebten Schritt wird der Hospitationstag, der eigentliche „Höhepunkt" der Peer-Evaluation, begangen. Der Hospitationstag gibt den Peers einen Einblick in die Arbeit jenseits der Dokumente, die die Einrichtung zur Verfügung gestellt hat. Damit der Hospitationstag problemlos durchgeführt werden kann, ist eine konkrete Planung wichtig.

Planung des Hospitationstages
Für die Planung des Hospitationstages entsenden die Einrichtungen jeweils eine überschaubare Gruppe von Vertreterinnen und Vertretern. Da es in der Regel nicht bei einem Hospitationstag bleibt, sondern eine Reihe von wechselseitigen Besuchen die Regel sein wird, sollten die Mitglieder dieser Planungsgruppe konstant bleiben. Die verbundübergreifende Planungsgruppe kann dann auf bereits getroffenen Vereinbarungen aufbauen und ihre erfolgreiche Arbeit fortsetzen. Das erste Treffen wird vermutlich sehr umfänglich sein, da dabei alle wesentlichen Absprachen für den Hospitationstag getroffen werden müssen. Bei allen nachfolgenden Treffen werden die Absprachen lediglich angepasst und aktualisiert. Folgende Absprachen müssen durch die verbundsübergreifende Planungsgruppe getroffen werden:

Austausch der Reflexionsberichte
Vor dem ersten Hospitationstag werden die Reflexionsberichte zwischen den Partnereinrichtungen ausgetauscht. Die Zeit dafür sollte nicht zu knapp ausfallen, damit die Fachkräfte ausreichend Gelegenheit haben, den Reflexionsbericht zu analysieren.

Regeln und Aufgaben für die Hospitation
Grundlegende Vereinbarungen zwischen den Partnereinrichtungen sind bereits zu Beginn der Ko-

operation getroffen worden. Nun folgen konkrete Absprachen für die Durchführung der Hospitation getroffen. Dazu gehören Fragen wie:

- Wer moderiert den Prozess?
- Wie sieht die Dokumentation aus?
- Wer übernimmt die Protokollierung des Hospitationstages?
- Wie sieht die Zeitplanung für den Hospitationstag aus?

Ziele definieren

Die verbundübergreifende Planungsgruppe legt auch die übergreifenden Ziele des Hospitationstages fest, damit bei der Auswertung der Hospitation auch alle zentralen Fragen geklärt werden können und möglichst wenig Fragen unbeantwortet bleiben müssen.

Umgang mit Daten und Informationen

Für den Hospitationstag wird festgelegt, welche Datenquellen genutzt werden sollen. In der Regel bieten sich drei Quellen an:

- Der Beobachtung kommt während der Hospitation wohl die größte Bedeutung zu. Viele Prozesse sind beobachtbar. Zudem ist die nichtteilnehmende Beobachtung eine sehr gute Form, um viele verschiedene Eindrücke von den pädagogischen Prozessen in einer Einrichtung zu sammeln.
- Darüber hinaus bietet sich eine Dokumentenanalyse an. Dabei ist darauf zu achten, dass die Peers keinen Zugriff auf personalsensible Akten der Mitarbeiterinnen und Mitarbeiter, Eltern und Kinder haben, wohl aber auf alle Dokumente, die sich mit der Gestaltung von pädagogischen Prozessen befassen. Die Dokumentenanalyse kann mit der Methode der Inhaltsanalyse (siehe Seite 34 f.) vorgenommen werden.
- Drittens und letztens bieten sich Interviews an. Im Zentrum stehen dabei sicherlich Interviews mit den Fachkräften. Aber auch Gespräche mit der Leitung sind denkbar. Inwieweit Interviews

mit Eltern und Kindern der gemeinsamen Sache dienlich sind, muss jeder Verbund für sich klären.

Hospitation durchführen

Die Partnereinrichtungen werden ihren Fokus entsprechend ihres ausgewählten Themas so legen, dass sie einen maximalen Gewinn von der Hospitation haben. Allerdings sollte darauf Wert gelegt werden, dass die Hospitation möglichst den ganzen Tagesablauf umfasst, damit die Peers einen umfassenden Einblick in die Arbeit bekommen können. Zu den Elementen im Tagesablauf, die in jedem Fall betrachtet werden, gehören:

- Freispiel
- Mahlzeiten
- Aktivitäten und Angebote
- Begrüßung.

Der formale Ablauf einer Hospitation

- Begrüßung der Leitung und des Teams (möglicherweise des Trägervertreters)
- Tagesablauf einsehen
- Evaluation der pädagogischen Arbeit (Beobachtungsphase)
- Reflexionsgespräche zwischen Peers und besuchten Fachkräften
- Rückmeldung durch die Peers zu den Inhalten und Prozessen zum ausgewählten Themenfeld.

Indikatoren zur Überprüfung der Entwicklungsschritte

Die nachfolgenden Indikatoren ermöglichen eine Prüfung der wichtigsten Aufgaben bzw. Arbeitschritte. Teams sollten erst zum nächsten Schritt übergehen, wenn alle aufgeführten Indikatoren mit einem „Erledigt"-Haken versehen sind:

- ❏ Der Hospitationsauftrag ist definiert.
- ❏ Die Peers übernehmen die Ausgestaltung des Hospitationstages.
- ❏ Es gibt ein verabredetes Verfahren.

M3.4

- ❏ Die Hospitation umfasst aktive Evaluations-phasen, gemeinsame Reflexion und ein Rückmelde- und Analysegespräch.
- ❏ Der Reflexionsbericht ist nachvollziehbar.

Schritt 8: Feedback

Eine Evaluation ohne ein Feedback ist nutzlos. Der Sinn der Hospitation liegt darin, Daten und Informationen zu gewinnen, die dann durch die Brille eines externen Peers an die Einrichtung zurückgemeldet werden.

Am Feedback nehmen alle Peers und alle Fachkräfte der besuchten Einrichtung gemeinsam teil, damit der Nutzen für das Team möglichst groß ist. Schließlich ist ja die gesamte Einrichtung evaluiert worden und nicht nur einzelne Fachkräfte.

Es werden zwei Formen des Feedbacks unterschieden:

- ◼ Prozessuales Feedback gibt eine Rückmeldung zum Verlauf der Evaluation.
- ◼ Inhaltliches Feedback gibt eine Rückmeldung zu den beobachteten Inhalten des Evaluationsauftrages.

Zum einen findet direkt im Anschluss an die Peer-Evaluation ein spontanes erstes Feedback statt. Nach einer Zeit von ein bis zwei Wochen geben die Peers dann ein zweites Feedback auf der Grundlage der von ihnen erhobenen Daten und Informationen. Die Inhalte der Rückmeldung ergeben sich aus den zu beobachtenden Aspekten, die die Partnereinrichtungen zuvor verabredet haben.

Auch wenn der Prozess der schriftlichen Fixierung sehr zeitaufwendig ist, empfiehlt es sich, die wesentlichen Ergebnisse der Peer-Evaluation zumindest stichwortartig festzuhalten. Somit kann das Team die Ergebnisse gut für den weiteren Qualitätsentwicklungsprozess nutzen.

Als Abschluss der Feedbackveranstaltung ziehen die Peers und das besuchte Team gemeinsam Bilanz zur Qualität des Verfahrens und der Zusammenarbeit.

Indikatoren zur Überprüfung der Entwicklungsschritte

Die nachfolgenden Indikatoren ermöglichen eine Prüfung der wichtigsten Aufgaben bzw. Arbeitsschritte. Teams sollten erst zum nächsten Schritt übergehen, wenn alle aufgeführten Indikatoren mit einem „Erledigt"-Haken versehen sind:

- ❏ Das Feedback unterstützt die Einrichtung in ihrem Qualitätsentwicklungsprozess.
- ❏ Alle Beteiligten haben am Feedbackverfahren teilgenommen.
- ❏ Es gibt einen Feedback-Bericht.
- ❏ Die Zusammenarbeit wird als positiv betrachtet.
- ❏ Das Verfahren wird als hilfreich eingestuft.

Die Peer-Evaluation endet mit der Maßnahmeplanung. Dieser letzte Schritt schließt nahtlos an den Schritt 6 des dynamischen Entwicklungsmodells (siehe Seite 33 ff.) an, und die Peer-Evaluation fließt somit in dieses Verfahren ein.

Literaturverzeichnis

Burkard, C.; Eikenbusch, G. (2000): Praxishandbuch Evaluation in der Schule. Berlin

Groot-Wilken, B. (2008): Portfolioarbeit leicht gemacht. Berlin

Groot-Wilken, B. (2010): Konzeptionsentwicklung in der Kita. Freiburg

Institut für Qualitätsentwicklung Hessen (2006): Kompendium Peer-Evaluation im Verbund. Wiesbaden

Preissing, C.; Heller, E.; Köpnick, J.; Krüger, A.; Schallenberg-Dieckmann, R.; Urban, M. (2003): Qualität im Situationsansatz: Qualitätskriterien und Materialien für die Qualitätsentwicklung in Kindertageseinrichtungen. Berlin

Schratz, M.; Iby, M.; Radnitzky, E. (2000): Qualitätsentwicklung – Verfahren, Methoden, Instrumente. Weinheim und Basel

Tietze, W.; Viernickel, S.; Dittrich, I.; Gödert, S.; Grenner, K.; Groot-Wilken, B.; Sommerfeld, V. (2002): Pädagogische Qualität in Tageseinrichtungen für Kinder. Ein Nationaler Kriterienkatalog. Berlin

Leitfäden für pädagogisches Handeln

Projektarbeit

Petra Stamer-Brandt
Projektarbeit in Kita und Kindergarten
planen, durchführen, dokumentieren
96 Seiten I Kartoniert
ISBN 978-3-451-32345-4

Projektarbeit wird in den Bildungsplä-
nen der Länder als wichtiger Baustein
von Bildungsförderung und eine Herausforderung für künftiges Lernen betrachtet. Das Buch bietet einen theoretisch
fundierten Leitfaden für Fachkräfte in
Kindertagesstätten.

Praktika

Petra Stamer-Brandt
Pädagogische Praktika in Kita und Kindergarten
planen, begleiten, auswerten
96 Seiten I Kartoniert
ISBN 978-3-451-32361-4

Das sozialpädagogische Praktikum
ist ein wesentlicher Baustein der
Ausbildung zur sozialpädagogischen
Assistentin oder zur Erzieherin. Dieser
Leitfaden schafft einen verlässlichen
Orientierungsrahmen für alle am
Praktikum beteiligten Personen.

In jeder Buchhandlung oder unter www.herder.de

HERDER
Lesen ist Leben

Leitfäden für pädagogisches Handeln

Öffentlichkeitsarbeit

Entwicklungsgespräche

Petra Stamer-Brandt
Öffentlichkeitsarbeit in Kindergarten und Kita
entwickeln, durchführen, auswerten
96 Seiten I Kartoniert
ISBN 978-3-451-32332-4

Ein Leitfaden, der es leicht macht, Öffentlichkeitsarbeit in einer Einrichtung zu etablieren, um damit ein positives Image nach außen zu tragen. Er liefert das Handwerkszeug, um das Feld der Öffentlichkeitsarbeit effektiv gestalten zu können.

Bernd Groot-Wilken I Leslie Warda
Entwicklungsgespräche in Kindergarten und Kita
vorbereiten, durchführen, dokumentieren
96 Seiten I Kartoniert
ISBN 978-3-451-32086-6

Beobachtung und Dokumentation von Entwicklung ist wesentliche Grundlage für professionelle Elterngespräche. Dieser Leitfaden bietet hervorragendes Material für die Vorbereitung und Umsetzung – in übersichtlich aufgebauten Modulen.

In jeder Buchhandlung oder unter www.herder.de